Zhongguo Tese Qiye Xinxing Xuetuzhi Peixun Jiaocai

中国特色企业新型学徒制培训教材

质量意识

人力资源社会保障部教材办公室　组织编写

本书编审人员

主　编：许小莉

副主编：李丽贤

参　编：赵燕玲　肖鸿强　庄丽珠　张林楷

主　审：尹建山

中国劳动社会保障出版社

内容简介

本书是中国特色企业新型学徒制培训教材通用素质课程教材中的一种，主要内容包括概论、质量管理的组织、质量控制、质量检验控制、质量改进。

本书适用于各类企业与职业院校、职业培训机构、企业培训中心等教育培训机构开展中国特色企业新型学徒制培训，也适用于企业岗位技能培训和就业技能培训。

图书在版编目（CIP）数据

质量意识 / 人力资源社会保障部教材办公室组织编写 . -- 北京：中国劳动社会保障出版社，2022

中国特色企业新型学徒制培训教材

ISBN 978-7-5167-5543-3

Ⅰ.①质… Ⅱ.①人… Ⅲ.①质量管理 – 教材 Ⅳ.①F273.2

中国版本图书馆 CIP 数据核字（2022）第 147682 号

中国劳动社会保障出版社出版发行

（北京市惠新东街 1 号 邮政编码：100029）

*

北京市白帆印务有限公司印刷装订 新华书店经销

787 毫米 ×1092 毫米 16 开本 8.75 印张 141 千字

2022 年 10 月第 1 版 2026 年 1 月第 2 次印刷

定价：26.00 元

营销中心电话：400-606-6496

出版社网址：http://www.class.com.cn

前　言

为贯彻《关于加强新时代高技能人才队伍建设的意见》文件精神，落实《关于全面推行中国特色企业新型学徒制　加强技能人才培养的指导意见》（人社部发〔2021〕39号）有关要求，适应规范化、标准化、制度化开展企业新型学徒制培训对教材的需求，建立完善适应新时代企业新型学徒制培训需求的高质量教学资源体系，人力资源社会保障部教材办公室组织有关行业、企业、院校和培训机构的专家编写了中国特色企业新型学徒制培训教材。

中国特色企业新型学徒制培训教材依据国家职业技能标准、职业培训课程规范等进行开发。以培养劳模精神、劳动精神、工匠精神为引领，主动对接学徒生产实际，强化职业道德、职业素养及职业能力培养，积极适应产业变革、技术变革、组织变革和企业技术创新等需求。以工作过程、学习行动、问题解决为导向，有机融合理论培训与实践培训内容，贴近学徒实际水平、贴近企业实际需要、贴近岗位工作现场。

中国特色企业新型学徒制培训教材包括通用素质课程教材和专业基础课程教材两类。其中，通用素质课程教材注重对学徒综合素质和可迁移技能的培养，促进其具备良好职业道德、职业素养及职业能力，能够安全胜任岗位工作；专业基础课程教材注重对学徒专业基础知识和基本技能的培养，促进其适应有关职业（工种）技能的学习。

首批开发的中国特色企业新型学徒制培训教材依据通用素质课程培训大纲、机械类专业基础课程培训大纲、电工电子类专业基础课程培训大纲、汽车类专业基础课程培训大纲编写，具体包括《劳模精神　劳动精神　工匠精神》等9种通用素质课程教材，以及机械类、电工电子类、汽车类等专业大类的10种专业基础课程教材。

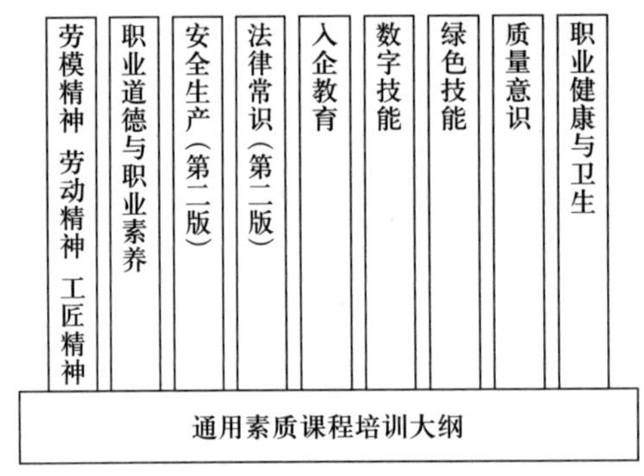

通用素质课程教材体系

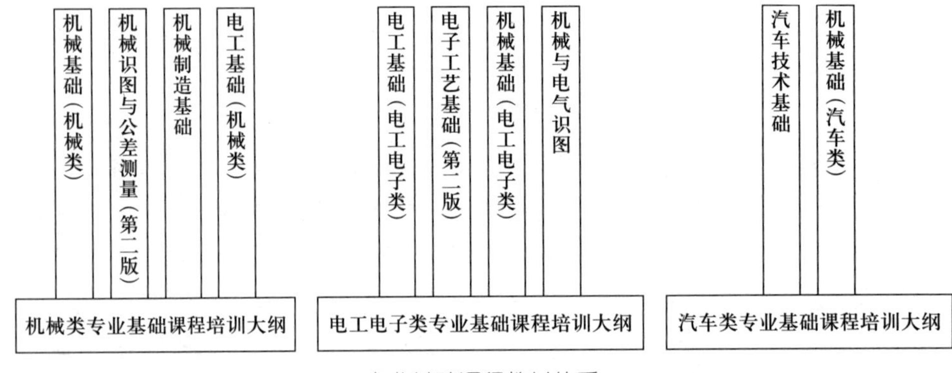

专业基础课程教材体系

本教材是开展中国特色企业新型学徒制培训的重要教学资源。主体读者对象为参加企业新型学徒制培训人员，也适用于企业岗位技能培训和就业技能培训人员。

本教材由许小莉担任主编、李丽贤担任副主编并负责统稿。本教材第 1 章由许小莉、赵燕玲编写，第 2 章由许小莉、肖鸿强编写，第 3 章由李丽贤、庄丽珠编写，第 4 章由赵燕玲、詹晓敏编写，第 5 章由庄丽珠、张林楷编写。本教材在开发过程中得到了北京、内蒙古、辽宁、浙江、山东、河南、广东、重庆、陕西等地人力资源社会保障厅（局）及晋西工业集团有限责任公司、广东省粤东技师学院等相关企业、院校、培训机构的大力支持与协助，在此一并表示衷心的感谢。欢迎读者对完善本教材提出宝贵意见。

人力资源社会保障部教材办公室

目录

概　论

1.1 质　量

学习目标

1. 了解质量和质量意识的定义、内涵。

2. 树立初步的质量意识。

一目了然

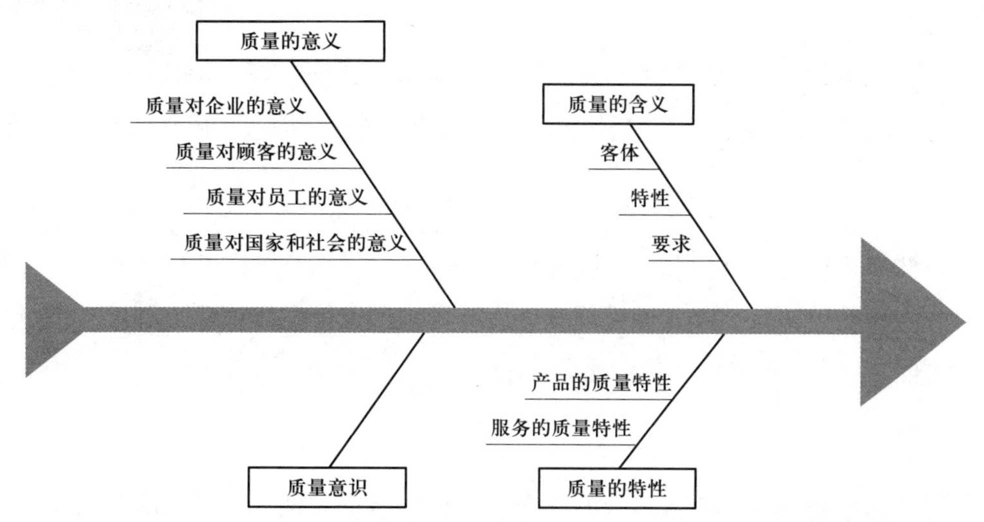

为了让每一瓶“5100”西藏冰川矿泉水都具有高品质，西藏冰川矿泉水公司在水源地60 km²范围内建立了自然保护区，对自然环境实行严格保护，采用先进的高科技生产设备，坚持在水源地灌装，有效防止二次污染，保证了矿泉水的纯正品质。同时采用业界领先的品质管控系统，每一批次的产品都经过三道检验，确保每一滴水的品质和安全。西藏冰川矿泉水公司满足了用户对高品质产品的消费需求，获得了用户的认可，树立了企业的品牌，实现了企业的发展，取得了良好的社会和经济效益。除此之外，西藏冰川矿泉水公司员工大多数为藏族，因此企业的发展也提升了周边藏族农牧民的经济收入，促进了民族团结，为祖国边疆的稳定和发展做出了贡献，并作为成功的扶贫案例写入了联合国《2016中国人类发展报告》。

质量就是企业的生命。企业的领导决策者和每一位员工都应具有质量意识，并自觉地体现在工作岗位中，才能激发企业高质量发展，使企业立于不败之地。

1.1.1 质量的含义

人们对于质量的认识是多种多样的，质量专家对其所下的定义也各不相同。根据国际标准化组织在《质量管理体系基础和术语》（ISO 9000:2015）中的描述，质量是指“客体的一组固有特性满足要求的程度”。在这一定义中，首先必须理解客体、特性和要求这三个要素。

1. 客体

客体是指可感知或可想象到的任何事物。它可以是物质的，如一台计算机；或非物质的，如一个项目计划。总而言之，客体包括产品、服务、过程、人员、组织、体系、资源等。

2. 特性

特性是指事物可以相互区分的特征。它可以分为固有特性和赋予特性。固有特性存在于客体中，如客体的性能、感官特性、功能特性等；赋予特性是人们赋予客体的，如客体的价格、售后服务要求等。

3. 要求

要求是指明示的、通常隐含的或必须履行的需求或期望。明示的要求如产品购销合同中对产品性能的规定、产品的验收标准等；隐含的要求是指作为一种惯例或常识所应当满足的要求，如对客户信息的保密；必须履行的要求是指“法律法规的要求”，如食品卫生、电器安全等。

综合以上对客体、特性和要求三个要素的解读，质量是客体的一组固有特性，满足顾客或其他相关方明示的、通常隐含的或必须履行的需求和期望的程度。

资料卡片

质量的细分概念

将质量的概念按实体的性质细分，可分为产品质量、过程质量、服务质量和工作质量。具体内容见表 1–1。

表 1–1　质量的细分概念

细分概念	具体内容
产品质量	是指产品满足规定需要和潜在需要的特征和特性的总和，包括服务、硬件、软件、流程性材料或它们的组合
过程质量	是指过程满足规定需要或潜在需要的特征和特性的总和，包括开发设计过程质量、制造过程质量和使用过程质量等
服务质量	是指服务性行业各项活动或工业产品的销售和售后服务活动，满足规定需要或潜在需要的特征和特性的总和。服务质量决定于供方提供服务的方式、手段以及服务人员的态度和技能
工作质量	是指与质量有关的各项工作对产品质量、服务质量的保证程度，它在一定程度上反映了企业的组织工作、管理工作与技术工作的水平

1.1.2　质量的特性

质量的特性分为产品的质量特性和服务的质量特性。

1. 产品的质量特性

产品的质量特性表现在以下几个方面：

（1）性能。指产品满足使用目的所具备的技术特性。

（2）使用寿命。指产品在规定的使用条件下完成规定功能的工作总时间。

（3）安全性。指产品保证客户的生命、身体和精神不受到伤害以及财产不受到损失的能力。

（4）可靠性。指产品在规定时间内和规定的条件下完成规定功能的能力。

（5）经济性。指产品从设计、制造到整个产品使用寿命周期的成本和费用方面的特性。

2. 服务的质量特性

服务的质量特性表现在以下几个方面：

（1）功能性。指某项服务所发挥的效能和作用，这也是服务质量的基本特征。

（2）安全性。指服务过程中客户的生命和财产不受到伤害和损失的特征。

（3）舒适性。指服务过程的舒适程度。

（4）时间性。指服务在时间上能够满足客户需求的能力。

（5）经济性。指客户为了得到不同服务所需费用的合理程度。

（6）文明性。指客户在接受服务过程中满足精神需要的程度。

1.1.3 质量的意义

质量关系到众多方面的利益，对企业、顾客、员工乃至国家和社会都有着重要的意义。

1. 质量对企业的意义

质量是关系企业生存和发展的基础。企业的竞争力在于质量，企业的经济效益来自质量，企业的形象和品牌也依靠质量来塑造。质量对企业的意义体现在以下三个方面：

（1）质量是企业树立品牌、在竞争中获胜的法宝。

（2）质量是企业提高顾客满意度、提升经济效益的基础。

（3）质量有助于提高企业素质和内涵，支持企业长期发展和获得成功。

2. 质量对顾客的意义

质量是使顾客满意，获得顾客忠诚度和信任度的关键。

没有质量保证，企业就会失去顾客，难以生存和发展。因此，企业只有不断提高过程和管理体系质量，为顾客提供高质量的产品或服务，才能满足顾客不断变化的期望和要求，使顾客满意，获得顾客的忠诚度和信任度，从而实现企业的赢利和发展。

3. 质量对员工的意义

质量的好坏对企业的品牌和效益将产生直接影响，良好的企业效益是保持员工稳定性及使其获得生活幸福感的基本保证。企业中的每个部门、每个员工的工作质量都直接或间接地影响着产品质量或服务质量，因此全员参与是全面质量管理的基本思想之一。员工的积极性和创造性在质量管理过程中起着重要作用，而高质量所带来的高效益也确保了员工的稳定性，促进了员工的成长。

4. 质量对国家和社会的意义

改革开放四十多年来，质量已经成为我国各个企业的战略核心，企业制造能力和质量控制水平都得到了大幅度提升。有了质量的保证，我国许多产品和服务已走向世界，很多产品畅销世界多个国家，获得各国的认可，促进了国家经济的发展与腾飞。

高质量的产品和服务不仅有助于企业自身的稳定发展，还能使人民的生活水平不断地改善和提高，进一步促进社会经济的蓬勃发展。

1.1.4 质量意识

质量意识是企业从决策层到基层每一位员工对质量和质量工作的认识与理解，对质量行为有着极其重要的影响和制约作用。质量意识应该体现在企业领导层和每一位员工的岗位工作中，是一种自觉地保证企业所生产的产品硬件、软件和流程性材料质量、工作质量和服务质量的意志力。企业的竞争是质量和品牌的竞争，其核心就是要注重全员的质量意识教育。

质量意识是企业生存和发展的思想基础。企业员工质量意识的强弱，对企业产品的质量有着巨大的影响。有质量意识的领导层和员工，不是仅限于被动地接受产品质量的要求，而是不断地关注产品质量，提出改善意见，促进质量的提高。

人们在经济活动中对产品质量、工作质量、服务质量的认识、了解以及掌握质量知识的程度和态度，对质量的思想认识、信念以及质量素养，对质量的评

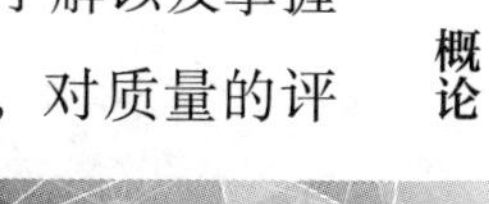

价等，都属于质量意识的范畴。质量意识具有对员工质量行为的控制功能，使其行为符合质量意识的要求。特别是在质量受到冲击出现波动的情况下，质量意识往往能够坚定员工的行为，不因外界的干扰而动摇或改变自己的质量行为。

案例剖析

【案例一】

茅台集团的“四服从”质量观

中国贵州茅台酒厂（集团）有限责任公司（以下简称茅台集团）是特大型国有企业，长期以来，始终坚持以质求存。原董事长、世界级酿酒大师、著名白酒专家、国家级非物质文化遗产传承人季克良说：“茅台酒的质量是我们的生命。”面对质量问题，他始终坚持质量第一的原则，提出“四服从”质量观，即成本服从质量、产量服从质量、效益服从质量、速度服从质量。

当成本与质量发生矛盾时，成本服从质量。在其他白酒的投入产出率最高为3∶1时，茅台酒始终坚持为5∶1，即5斤原粮酿1斤基酒，而且严格执行“有机食品”质量标准，采用优质的糯高粱和小麦，生产成本堪称业内最高。即使原料成本逐年增长，茅台集团依旧执行“成本服从质量”的原则。

当产量与质量发生矛盾时，产量服从质量。茅台集团采取高温取酒，有人曾建议降低接酒温度以迅速提高产量，但是被坚决回绝。

当效益与质量发生矛盾时，效益服从质量。茅台集团一直以来秉承贮足陈酿、不卖新酒的原则，不为多卖酒而减少贮存时间。每一瓶茅台酒都要存放五年才上市，每一瓶茅台酒都是老酒。

当速度与质量发生矛盾时，速度服从质量。茅台集团酿酒有季节性，遵循自然规律，一年一个生产周期，不会为了加快速度提前贩卖。而且很多环节都是人工制作，例如制曲环节，机器制曲达不到外紧内松的要求，虽然快，但是容易发生烧曲现象，从而影响酒的质量。

【案例二】

“价值创造、以质取胜”的质量战略

京东方科技集团股份有限公司（以下简称京东方）是一家物联网创新企业，为信息交互和人类健康提供智慧端口产品和专业服务。2021 年 9 月，京东方从近七百家受理单位中脱颖而出，获得中国质量奖。

多年来，京东方坚持“价值创造、以质取胜”的质量战略，每年将营业收入中高比例的费用投入研发，同时积极建立企校合作，与全球顶尖生态链伙伴协同创新。京东方连续多年在世界知识产权组织专利排名中位列全球前十，实现 8 K、柔性 OLED、MLED 等多项显示技术的行业引领；在智能制造方面，京东方已在全国各地布局了 16 条半导体显示生产线，同时聚焦物联网创新转型，建设了 4 座延伸至下游产业链的智慧工厂，实现了对业务全流程质量的有效管控，其综合质量被全球 32 家核心客户评价为优秀。京东方主持制定和修订国际、国家标准 78 项，以领先的中国品质实力不断树立行业新标杆。通过自主管理创新，京东方更以自身管理实践经验作支撑，带动了 2 000 余家合作伙伴整体质量提升，以全新的“中国质量”标准引领全球。京东方走出了一条高质量发展之路，被称为“供给侧改革的成功案例”。

思考题

1. 阅读案例一，思考茅台集团是如何坚持做到以质求存的。

2. 阅读案例二，思考京东方成为行业标杆的原因有哪些。

3. 结合以上两个案例，谈一谈质量对企业发展的意义是什么。

即学即用

1. 什么是质量？按照实体的性质，质量可细分为哪几种？

2. 作为消费者，你更关注产品哪些方面的质量特性？

3. 为什么说企业必须注重全员的质量意识教育？

4. 对“制造强国”首先应做到“质量强国”的说法，你是否认可？请简要谈谈你的看法。

学无止境

不同类型的质量环

质量环是对质量的产生、形成和实现过程的抽象描述和理论概括，它反映了一种连续不断、周而复始的过程。

• 硬件产品的质量环（图 1–1）

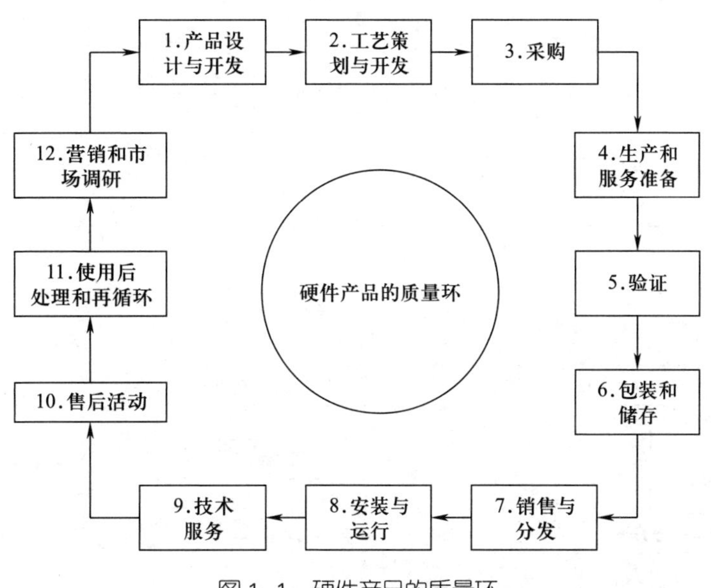

图 1–1 硬件产品的质量环

• 软件产品的质量环（图 1–2）

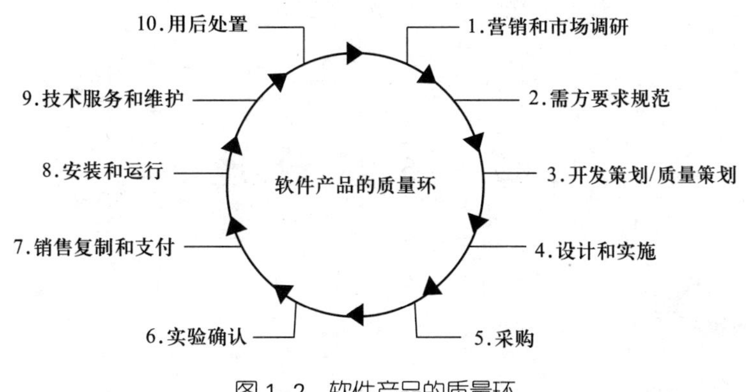

图 1–2 软件产品的质量环

• 流程性材料的质量环（图 1–3）

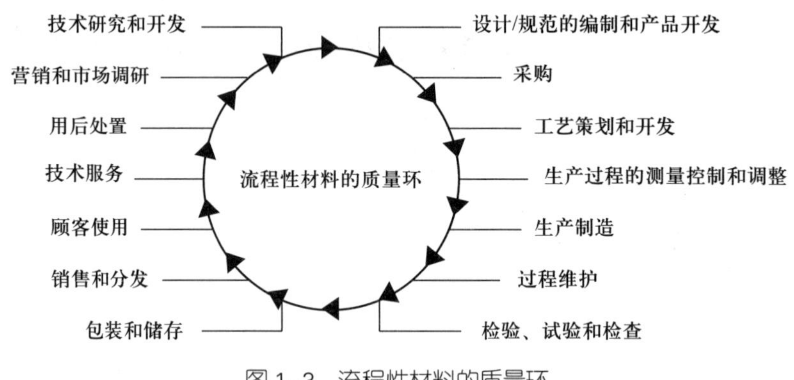

图 1–3　流程性材料的质量环

• 服务行业的质量环（图 1–4）

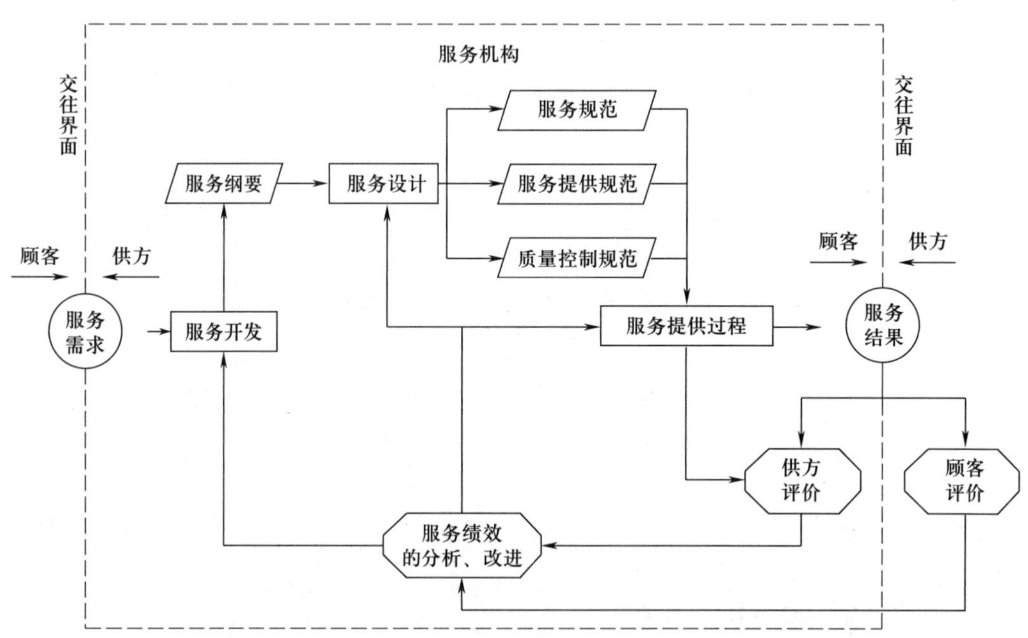

图 1–4　服务行业的质量环

1.2　质量管理

学习目标

1. 了解质量管理的定义和相关术语。

2. 了解质量管理的发展历程和全面质量管理的内容。

3. 初步形成质量管理理念。

一目了然

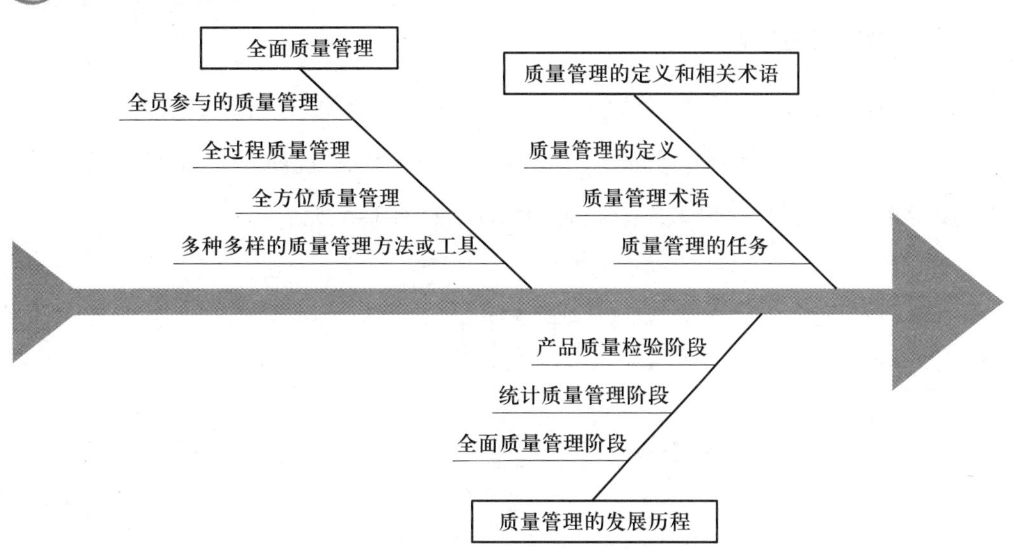

开卷有益

乘用车市场信息联席会的统计数据显示，2021 年全国共实施 232 批次汽车召回，所涉及车辆共有 873 万辆。截至 2021 年年底，我国共召回 9 130 万辆汽车。与 2019 年召回 214 批次和 2020 年召回 190 批次相比，2021 年的召回批次总体较多。

汽车是由成千上万个零部件组装而成，是最复杂的民用工业化产品。如果某个零部件有瑕疵或者组装环节出现问题，就有可能导致产品缺陷。另外，汽车厂商在进行新车设计和测试时，也没办法做到“完美无缺”。此外，车辆日常的实际使用情况复杂多变，想要完全避免缺陷几乎不可能，但通过汽车召回则可以很好地解决车辆存在的缺陷。

随着中国汽车市场的日益成熟，各大汽车厂商也不再避讳汽车召回，反而采取更多主动的、及时的召回行为，迅速发现问题、解决问题，及时消除隐患，让消费者放心，提升客户用车的满意度。

企业在生产经营中要处理好速度与质量的关系，不能片面追求产值、利润，放松对产品的质量管理。企业作为质量的主体，对传递质量信任、共筑质量诚信有着不可推卸的责任和义务。

1.2.1　质量管理的定义和相关术语

1. 质量管理的定义

根据 ISO 9000:2015 标准中的定义，质量管理是“关于质量的指挥和控制组织的协调的活动”，包括制定质量方针和质量目标，为实现质量目标实施的质量策划、质量控制、质量保证和质量改进等活动。如图 1–5 所示。

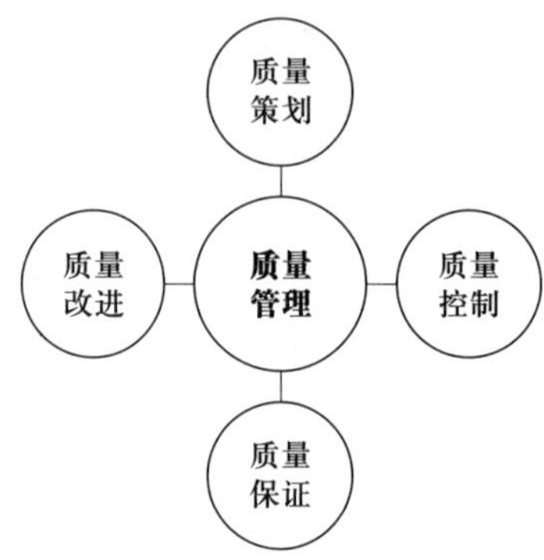

图 1–5　质量管理的范畴

2. 质量管理相关术语

质量管理是企业管理的重要环节之一，其中包含了质量方针、质量目标、质量策划、质量控制、质量改进和质量保证等相关术语，见表 1–2。

表 1–2　质量管理相关术语

质量管理术语	相关术语解释
质量方针	质量方针是指由组织的最高管理者正式发布的关于质量方面的全部意图的方向
质量目标	质量目标是指在质量方面所追求的目的，通常依据质量方针制定
质量策划	质量策划是指制定质量目标并规定其运行过程和相关资源以实现质量目标，质量策划主要包括产品策划和管理策划
质量控制	质量控制是指为了达到质量要求所采取的作业技术和活动，其中作业技术包括专业技术和管理技术

续表

质量管理术语	相关术语解释
质量改进	质量改进是指为了向企业以及客户提供更多的收益所采取的提高产品质量活动和过程效益的各种措施
质量保证	质量保证是指为了能够满足质量要求，在质量体系中实施的全部有计划和有系统的活动，主要分为内部质量保证和外部质量保证

3. 质量管理的任务

从质量管理相关术语中，可以将企业的质量管理基本任务归纳为以下三项：

（1）制定质量方针、目标及其实施规划。质量管理首先要确定企业在一定时期内的质量方针与目标，并制定出贯彻方针、目标的实施规划。企业通过方针、目标和规划来指导和组织各部门以及各岗位的工作，激发员工为实现预期的质量目标而不断做出努力。

（2）实施质量保证。质量保证是为使人们确信企业能满足质量要求而开展的并按需要进行证实的、有计划和有系统的活动，它是向用户证实企业有能力保证质量，并对其产品及服务质量负责到底的一系列活动。

（3）实施质量控制。质量控制是对质量形成的过程进行监视、检测，并排除过程中影响质量的各种因素，以达到质量要求所采取的作业技术活动，具体包括：确定控制计划与标准、实施控制计划与标准、发现质量问题并分析造成质量问题的原因、采取纠正措施以使过程处于正常状态等工作内容。

1.2.2 质量管理的发展历程

质量管理这一概念最早出现在20世纪初，随着管理科学一个多世纪的发展，逐步形成一门独立的学科。在不同时期，质量管理的理论、技术和方法都在不断发展和变化，有着各自不同的特点。总的来说，质量管理大体经历了三个阶段的发展历程，如图1–6所示。

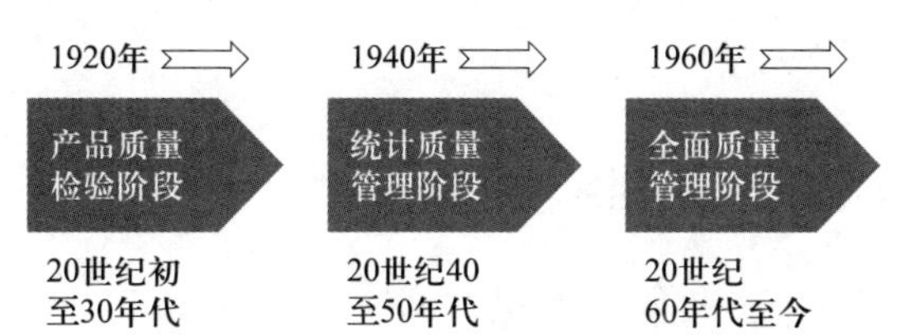

图1–6　质量管理发展的三个阶段

1. 产品质量检验阶段：20 世纪初至 30 年代

20 世纪初，美国工程师泰勒在总结 18 世纪工业革命以来工业生产管理实践经验的基础上，提出了“科学管理”的理论。他主张：企业要提高效率，必须将计划与执行分开，强调在执行中必须有一个检查环节，使产品的检验从制造过程中分离出来，成为一个独立的工序。此后，在企业管理中产生了专职检验的人员，进而由这部分人员组成专职检验部门。

1924 年，美国贝尔电话研究所的统计学家休哈特博士提出“预防缺陷”的概念，即质量管理除了检验外，还要重视预防。与此同时，同属贝尔电话研究所的道奇和罗米格进一步提出了“抽样检验法”并给出第一个抽样检查方案。但由于当时资本主义国家发生了严重的经济危机，社会生产受到一定的影响，对产品质量要求不高，因此用数理统计方法进行质量管理的观点并未得到普及。

这一阶段出现的“检验员的质量管理”对当时的企业生产起到了积极的推动作用，既对企业产品出厂质量进行监督把关，又减少了流通领域的不良产品，提高了企业的信誉。

2. 统计质量管理阶段：20 世纪 40 至 50 年代

在这一阶段，休哈特博士提出的“预防缺陷”的理念和道奇、罗米格的“抽样检验法”逐渐得到重视，主要方法是利用数理统计原理来预防产生废品并检验产品的质量，这一阶段称为统计质量管理阶段，也被称为统计质量控制（Statistical Quality Control，SQC）阶段。它利用数理统计原理在生产流程的工序之间进行质量控制，从而预防不合格产品的大量产生。此外，在生产经营活动中对产品检验和验收检查采用了科学的统计抽样方案。总结起来，其主要特点是以预防为主，预防和检验相结合。

20 世纪 50 年代，SQC 方法在质量管理中得到广泛应用，美国、英国、挪威、瑞典、荷兰、日本、法国、丹麦、印度、墨西哥等国家都积极推广采用这一方法，并取得显著成效。

3. 全面质量管理阶段：20 世纪 60 年代至今

20 世纪 60 年代开始进入全面质量管理（Total Quality Management，TQM）阶段。这一概念和理论起源于美国，早在 20 世纪 50 年代，美国通用电气公司的费根堡姆和质量管理专家朱兰博士就提出了全面质量管理的思想，也称“综合质量管理”。全面质量管理阶段把企业的经营管理、数理统计等手段和现代科学技术密切结合，以质量为中心，以全员参与为基础，通过客户满意和企业所有成员及社会收益而达到长期成功。

在这一阶段，日本创造了质量管理的 7 种工具，即直方图、分层法、控制图、因果图、检验表、排列图、散布图。而我国则在 20 世纪 70 年代末引进质量管理的思想和方法，逐步在全国推广。1981 年，我国成立了全国统计方法应用标准化技术委员会，初步形成一个数理统计方法标准体系。

1.2.3 全面质量管理

在国际标准化组织颁布的 ISO 8402 标准中，全面质量管理被定义为“一个组织以质量为中心，以全员参与为基础，目的在于通过让顾客满意和本组织所有成员及社会受益而达到长期成功的管理途径。”

全面质量管理是以质量为中心，以全员参与为基础，旨在通过顾客和所有相关方受益而达到长期成功的一种管理途径。众多质量专家，如费根堡姆、朱兰、戴明、石川馨等，把全面质量管理概括为：它不仅要对产品质量进行管理，也要对工作和体系质量进行管理；不仅要对产品性能进行管理，也要对产品安全性、经济性、适用性等进行管理；不仅要对物进行管理，也要对人进行管理。

全面质量管理理念自改革开放以来在我国得到广泛的认可和推行，我国质量专家将全面质量管理的特点概括为“三全一多样”。“三全”指全员、全过程、全组织的质量管理，“一多样”指采用多样性的方法进行管理。

1. 全员参与的质量管理

即全体员工必须参与质量管理工作，因为组织中任何一个环节，任何一个人的工作质量都不同程度地直接或间接影响着产品质量或服务质量，因此，质量管理需要全体员工参与，人人有责。每位员工都做好本职工作，才能生产出顾客满意的产品。

全员参与的质量管理需做好以下几方面的工作：

（1）质量培训。质量培训是开展全面质量管理的一项基础性工作，我国也提出了开展终身职业技能培训的要求并出台了相应的文件。因此，企业应当开展质量教育，加强员工的质量意识，树立职业道德和顾客至上的意识。通过开展质量培训，提高全体员工的技术能力和管理能力。

质量培训的对象是组织从高层领导到普通员工的所有人员，而且培训应贯穿培训对象的整个职业生涯。

质量培训的内容包括质量意识教育、质量知识教育和专业技能培训。其中，质量意识通常是指对待质量工作的态度和对质量常识的掌握程度。质量意识教育培训的目的在于使员工树立“质量第一”的意识，使他们理解组织的质量方针和目标，了解自身工作对质量保证和质量提升的重要性，以及出现质量问题的后果。

质量培训一般包括四个阶段的活动：确定培训需求、设计和策划培训、提供培训以及评价培训结果。

（2）质量责任制。质量责任制是为了保证产品或服务质量，明确规定企业各部门、各环节以及每一个人在质量工作上的具体任务、责任、要求和权力，以保证产品质量的一种责任制度。建立质量责任制是企业实施全面质量管理的一项基础性工作，同时也是企业建立质量体系中不可缺少的内容。应明确规定组织中的每一个部门、每一个职工的具体任务，所应承担的责任和权利范围，做到事事有人管，人人有专责，办事有标准，考核有依据。

（3）质量检验。质量检验是对产品的一项或多项质量特性进行观察、测量、试验，并将结果与规定的质量要求进行比较，以确定每项质量特性合格情况的技术性检查活动。质量检验也被称为符合性评价，是质量管理的一项重要工作内容，见表 1–3。

表 1–3　质量检验的分类

质量检验分类	具体质量检验方式
按检验阶段分类	• 进货检验 • 过程检验 • 完工检验
按检验的执行人员分类	• 自检 • 互检 • 专检
按检验产品数量分类	• 全数检验 • 抽样检验

续表

质量检验分类	具体质量检验方式
按检验性质分类	• 理化检验 • 感官检验 • 微生物检验 • 试验检验
按检验后检验对象的完整性分类	• 破坏性检验 • 非破坏性检验
按检验地点分类	• 固定场所检验 • 流动场所检验

质量检验的功能主要有：鉴别功能、把关功能、预防功能和报告功能。

质量检验一般包括以下五个步骤：检验的准备、测量、记录、比较、判定和处理。

（4）质量认证。随着现代工业的发展，质量认证逐步发展成为一种外部质量保证手段。它是指由认证机构证明产品、服务、管理体系符合相关技术规范的强制性要求或者标准的合格评定活动。《中华人民共和国产品质量法》规定，质量认证是企业自愿的行为，国家未提出强制认证要求；若企业选择质量认证，必须符合体系相关标准要求。

根据认证的对象不同，质量认证可以分为两类：产品质量认证和质量管理体系认证。产品质量认证（产品认证）的对象是企业生产的产品，而质量管理体系认证的对象是企业的质量管理体系，两者所依据的标准以及结论都是不同的。

产品质量认证是指依据产品标准和相应的技术要求，经认证机构确认，通过颁发认证证书和认证标志来证明某一产品符合相应标准和相应技术要求的活动。

质量管理体系认证是指由权威的、公正的、具有独立第三方法人资格的认证机构（即由国家管理机构认可并授权的）派出由审核员组成的检查组，依据三种质量保证模式标准（GB/T 19001,GB/T 19002,GB/T 19003）对申请方质量管理体系的质量保证能力进行检查和评价，对符合标准要求者授予合格证书并予以注册的全部活动。

（5）质量信息管理。质量信息是指在质量形成全过程中所产生的有意义的数据。质量信息管理是对质量信息进行开发、收集、整理、分析、反馈和建档，并加以应用的过程。

质量信息管理的主要任务包括：为质量决策者提供信息、调节和控制生产过程、为质量的考核和检查提供数据、建立质量信息档案。

为了确保质量信息在管理中充分发挥作用，组织应建立质量信息系统，以便更有效地规划质量相关活动，识别问题并提供数据，驱动质量改良。质量信息系统是管理信息系统的一个重要组成部分，它是由数据、规则和设备组成的，以系统化的方式生成有关质量信息的一套集成。质量信息主要是用于处理质量问题，进行闭环管理。例如，某公司采购了一批原材料，原材料进公司后检验发现不合格。一方面该公司要将材料退库返回厂家，另一方面需要把材料不合格的信息传递到生产厂家，要求厂家进行不合格原因分析，采取措施（反馈到公司）防止此类事件再次发生（发出信息—处理结果—返回信息，闭环）。

2. 全过程质量管理

全过程质量管理就是把质量管理贯彻到产品全生命周期内，即从顾客需求调查、产品设计、物料获取、产品加工、配送分销、售后服务、最终处置全生产周期内都注重质量管理。这个过程是一个不断循环螺旋式提高的过程，产品质量在这个循环（朱兰质量螺旋）中不断提高。

因此，要控制产品质量，就需要控制影响质量的所有环节和因素。为保证实施全过程质量管理，企业必须做到以下两点：

（1）在产品形成的各个阶段，采取专业的控制手段。例如，在顾客需求调查阶段采取面谈调查法、电话调查法、问卷调查法等；在产品设计阶段则要做好内部测评和市场竞争性评价；在产品加工过程中，采取统计过程控制，保证生产过程处于受控状态；在配送分销阶段，采取科学的配送手段，保证准时交货；在产品使用阶段，对客户进行有关产品使用方面的培训，以确保客户正确地使用产品；在顾客满意度调查阶段，及时收集顾客的反馈意见，了解顾客对产品的满意程度，不断改进产品质量水平；在产品最终处置阶段，则最大化回收利用报废的产品。

（2）编制标准操作规程。任何过程都是通过程序运作来完成的，因此，编制科学、有效的程序化文件是保证过程控制的基础。如果只是编制标准操作规程，而不执行或错误执行，都不能发挥其应有的作用，也就无法保证产品在全生命周期内处于受控状态。

3. 全方位质量管理

全方位质量管理是指各个职能部门之间密切配合，按其职能划分，承担相应的质量责任。从纵向角度看，全方位质量管理的实现有赖于企业的上层、中层、基层管理乃至一线员工的同理协作，其中尤以高层管理能否全力以赴起着决定性的作用。从横向角度看，全方位质量管理的实现需要各职能部门之间的相互配合，要保证和提高产品质量必须使企业研制、维持和改进质量的所有活动构成一个有效的整体。

4. 多种多样的质量管理方法或工具

影响质量的因素可归纳为5M1E，即人（Man/Manpower）、机器（Machine）、材料（Material）、方法（Method）、测量（Measurement）、环境（Environment）。这些因素又可分为偶然性因素和必然性因素两大类，偶然性因素的出现没有规律，对产品质量造成的影响较小；必然性因素的出现则有一定的规律性，一旦发生，将可能造成严重的质量问题。因此，需要使用专门的工具或方法来控制这些影响因素。常用的质量管理工具和方法有：质量管理旧7种工具、质量管理新7种工具、QC小组活动、头脑风暴法、标杆法、顾客需求调查、顾客满意度测评、质量功能展开、统计过程控制、抽样验收等。

资料卡片

质量方针宣传标语

内部审核定期做，系统维持不会错

加强现场管理，提高企业效益

规划是方向，执行是保障

宁愿事前检查，不可事后返工

自我检验不放松，质量标准记心中

全员参与力量大，产品控制靠大家

优质产品—走向世界的桥梁

实施成效要展现，持之以恒是关键

找方法才能成功，找借口只会失败

推动全员品质活动　提高全员工作士气

品质，企业未来的决战场和永恒的主题

案例剖析

【案例一】

克劳士比的质量零缺陷和质量改进

产品质量是很多企业立足市场的生命线，如何更好地在源头抓好产品质量，保证质量零缺陷是众多企业需要思考的一大课题。质量专家克劳士比在担任ITT（国际电报电话公司）全球副总裁时就曾指出：我们应该学会一种方法，一种新的思维，从源头上区分“质量问题”的归属部门，设计环节出错找产品设计部门、原材料环节出错找采购部门、工艺环节出错找生产部门……不要笼统地把一切问题都叫作“质量问题”。他提出了质量零缺陷的概念及质量改进的14个步骤。这14个步骤分别是：1. 管理层的承诺；2. 团队行动；3. 设定标准；4. 评估质量成本；5. 提升质量意识；6. 制定纠正措施；7. 开展零缺陷活动；8. 开展员工教育；9. 设定零缺陷日；10. 设定新的努力目标；11. 消除产生错误的成因；12. 奖赏优秀人员；13. 成立质量委员会；14. 新一轮的质量改进。

【案例二】

重庆红九九的质量管理

重庆红九九食品有限公司（以下简称红九九）是生产多用途“浓缩火锅底料”的专业生产企业。红九九以“高品质、高品位、零缺陷产品”为不懈追求的目标，采用ISO 9001:2015质量管理体系及ISO 22000:2005食品安全管理体系，设立多个“关卡”严防死守：1. 建立完善的卫生安全管理制度；2. 加强对原料、辅料的采购和检验；3. 加强生产过程控制；4. 做好成品出厂检验；5. 完备追溯系统，保存好各项采购、生产、检验、销售记录和票据。另外，红九九对供货企业也有严格的筛选条件。

红九九对于原材料的质量管理，不仅达到了食品安全法的各项规定标准，很多规范性措施甚至超过了最严格的ISO质量认证。例如，在主要的辣椒基地常驻质量管控人员有近百人，他们对辣椒严格把关。从收购开始，到风选、磁选、清洗，质量管控人员精心挑选色泽红润、外形饱满的辣椒，之后进行理化指标分析，达标后才能入库使用。而对原料豆瓣的选材标准要求更是达到17项之多，从感官指标、物理指标到理化指标，都严格检测。

思考题

1. 阅读案例一，根据质量专家克劳士比的观点，思考企业应该从哪些方面做好质量管理，避免产生产品质量问题。

2. 阅读案例二，思考重庆红九九食品有限公司采取了哪些措施以保证食品的质量。

3. 结合以上两个案例，谈一谈质量管理对产品生产的意义是什么。

即学即用

1. 什么是质量管理？企业要做好质量管理，需完成哪些任务？

2. 质量管理经过哪些发展历程，不同阶段的特点是什么？

3. 请简要谈谈全面质量管理的特点。

4. 假如你是企业的员工，你是否愿意参加质量培训？请简要谈谈质量培训的意义。

学无止境

质量管理专家及主要观点（图 1-7）

“十四要点”

戴明

- 创造产品与改善服务的恒久目的
- 采纳新的哲学
- 停止依靠大批量的检验来达到质量标准
- 废除“价低者得”的做法
- 不断地改进生产及服务系统
- 建立现代的岗位培训方法
- 建立现代的督导方法
- 消除恐惧心理
- 打破部门之间的围墙
- 取消对员工发出计量化的目的
- 取消工作标准及数量化的目标
- 消除妨碍基层员工工作顺畅的因素
- 建立严谨的教育及培训计划
- 创造一个每天都推动上述各项的高层管理结构

“突破历程”

朱兰

- 突破的取态
- 突出关键的少数项目
- 寻求知识上的突破
- 进行分析
- 决定如何克服变革的抗拒
- 进行变革
- 建立监督系统

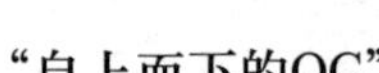

“自上而下的QC”

石川馨

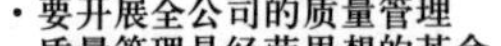

- 要开展全公司的质量管理
- 质量管理是经营思想的革命
- 要不断完善和提高标准水平
- 力求用户满意
- 给“质量”和“质量管理”下定义
- 质量管理小组活动
- 营销管理
- 统计方法的应用

图 1-7 质量管理专家及主要观点

1.3 质量管理体系

学习目标

1. 了解质量管理体系的定义、产生与发展历程。

2. 了解质量管理体系的作用及相关术语。

3. 树立初步的标准意识和规则意识。

一目了然

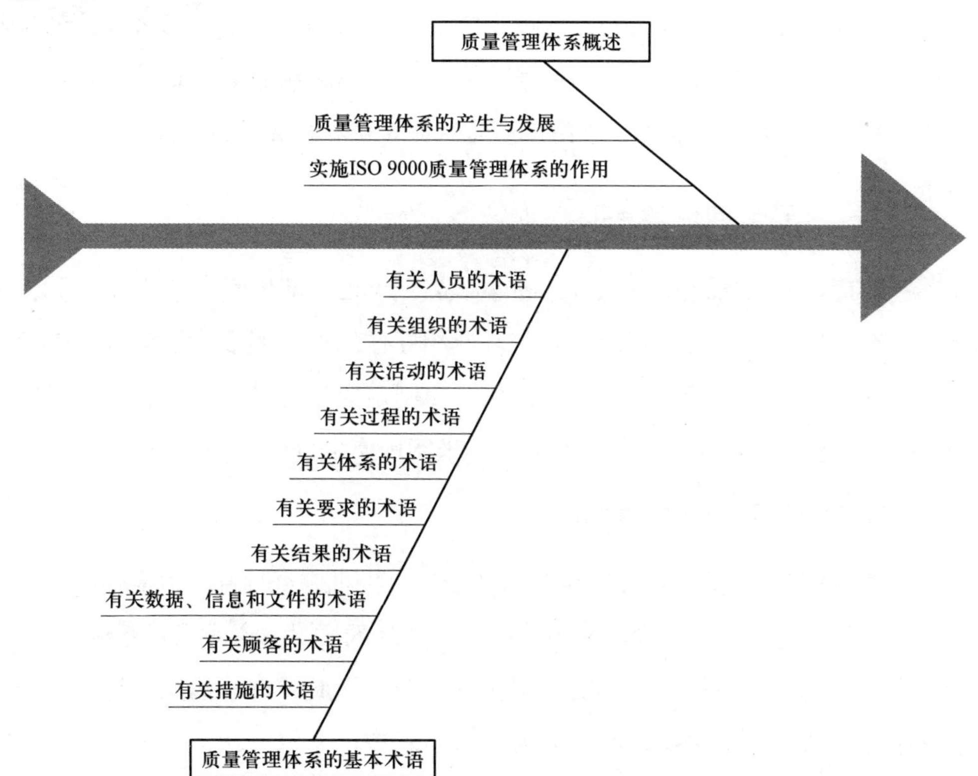

许多企业的产品上都有ISO 9000质量认证标志。而如今，ISO 9000不仅在企业界走红，也已悄然走进医疗体系。

上海市黄浦区中心医院确立了“以病人为中心，提供规范、便捷、满意的优质服务”的ISO 9000质量方针，同时明文规定“医院应满足病人的期望和要求，并将其转化为量化的目标去完成，以获得病人的满意”。曾任上海市黄浦区中心医院院长的沈晓初，在谈到医院推行ISO 9000质量体系认证时，其中最大的收获是深刻地理解了“以顾客为中心”中“顾客”的含义。医院面对的是病人，那么病人就是医院的顾客。全体医务员工必须树立“顾客”（即病人）的新理念。医院要分析“顾客”产生抱怨的原因，并从工作流程及工作环节中寻找处理方法，加以改善，举一反三，建立预防机制，杜绝同一问题在其他科室发生。

ISO 9000品质体系认证机构是官方认可的权威机构，对企业品质体系的审核十分严格。企业依据国际标准化的品质体系，对产品和服务品质进行管理，有利于保证产品和服务的质量水平，提高企业的经济效益和社会效益。

1.3.1 质量管理体系概述

质量管理体系（Quality Management System，QMS）是指组织建立质量方针和目标以及实现这些目标的过程的相互关联或相互作用的一组要素。为了有效地开展质量管理活动，必须建立质量管理体系，即制定质量方针和目标，并通过质量策划、质量控制、质量保证和质量改进活动来实现质量目标。

1. 质量管理体系的产生与发展

20世纪50年代，随着科技和生产力的发展，一批安全性高、可靠性高、技术密集型、大型的复杂产品面世，为了确保这些产品的质量，必须通过系统的方式，对产品质量形成全过程的各种影响因素实施管理。因此，许多国家和地区性组织陆续发布了一系列质量保证标准，作为贸易往来中供需双方认证的依据和评价的规范。20世纪50年代末，美国发布了军用标准《质量大纲要求》（MIL-Q-9858A），成为世界最早的有关质量保证方面的标准。紧接着，一些工业发达国家也在20世纪70年代末先后制定和发布了民用产品生产的质量管理和质量保证标准。

国际标准化组织（International Organization for Standardization，ISO）于 1979 年成立了质量管理和质量保证技术委员会（ISO/TC176），负责制定质量管理和质量保证标准，以避免国与国之间在质量标准上的差异。1987 年 3 月，该组织发布了 ISO 9000 系列国际标准（质量管理和质量保证标准）。

ISO 9000 标准很快被许多国家、地区和组织采用，在全球经济活动中产生了重要的影响。为适应形势发展需要和质量管理实践的进展，ISO 9000 系列标准经历了 1994 年、2000 年、2008 年和 2015 年四次修订，其内容、结构不断优化，原有的 ISO 9000 系列标准也逐步演变成 ISO 9000 族标准，成为全世界各类组织建立、实施和改进质量管理体系的通用准则。

2. 实施 ISO 9000 质量管理体系的作用

（1）提高产品质量，保护消费者的权益。产品有缺陷、服务令人不满意，或对消费者有不合理的危险，使其人身安全、健康或财产受到损害，会对消费者利益造成损害。ISO 9000 系列标准通过建立质量管理体系和保证体系的有效运行，促进企业持续地改进过程，提高产品和服务的质量和稳定性，从而为消费者提供最有效的保护。

（2）为提高组织的运行能力提供有效的方法。ISO 9000 族标准鼓励组织在建立、实施和改进质量管理体系时采用过程方法，通过识别、管理相互关联和相互作用的过程，以及对这些过程进行系统的管理和连续的监测与控制，以实现持续向顾客提供满意的产品的目的。此外，质量管理体系还提供了持续改进的框架，帮助组织不断地识别并满足顾客及其他相关方的要求，从而不断地提升顾客和其他相关方的满意程度。因此，ISO 9000 族标准为组织提高运作能力、增强市场竞争力提供了有效的方法。

（3）有利于促进国际贸易，消除技术壁垒。在国际经济技术合作中，ISO 9000 族标准被作为相互认可的基础，ISO 9000 的质量管理体系认证制度也在国际范围中得到互相认可，并被纳入合格评定的程序之中。技术壁垒协定是世界贸易组织达成的一系列协定之一，它涉及技术法规、标准和合格评定程序。实施 ISO 9000 族标准为国际经济技术合作提供了国际通用的语言和准则，取得质量管理体系认证，已成为参与国内和国际贸易、增强竞争能力的有力措施。因此，贯彻 ISO 9000 族标准对消除技术壁垒、排除贸易障碍起到了十分积极的促进作用。

（4）有利于组织的持续改进与持续满足顾客的需求和期望。顾客要求产品具有满足其需求和期望的特性，这些需求和期望通过产品的技术要求或规范的形式表述。然而，顾客的需求和期望是不断变化的，因此，这促使组织不得不持续地改进产品的特性和过程的有效性。而质量管理体系就为组织持续改进其产品和过程提供了一条行之有效的途径。ISO 9000 族标准将质量管理体系要求和产品要求区分开来，它不是取代产品要求，而是把质量管理体系要求作为对产品要求的补充，进而有利于组织的持续改进与持续满足顾客的需求和期望。

（5）有利于企业实现高效益运作。ISO 9000 系列标准是对企业质量保证体系的一个基本要求，取得认证是产品进入市场的前提条件，但并不能保证产品具有市场竞争力。因此，企业应该在贯彻 ISO 9000 族标准的情况下进一步开展全面质量管理，以市场用户需求为目标，全员参与管理，进行持续的质量改进，这样企业才能在市场具有竞争力。

认真贯彻 ISO 9000 族标准对于强化质量体系来说是十分必要的。它为企业提供了多种质量保证模式，从而使企业能对风险、成本和利益进行全面的考虑和平衡，系统地考虑产品设计的复杂性、设计成熟程度、制造复杂性、技术性、安全性和经济性等因素。企业可以从中选择一个合适的质量保证模式，以便实现全面质量管理。

1.3.2 质量管理体系的基本术语

ISO 9000:2015 新版标准从 13 个方面对术语和定义进行分类，一共列出 138 个术语和定义。其分类的原则是按照《ISO/IEC 导则　第 1 部分：技术工作程序》的附录 SL 的要求，确定了适用于所有 ISO 管理体系标准的通用术语和定义，这也为 ISO 9000: 2015 标准成为第一个具有“高层次架构”的体系标准，以及其基本概念和原则在组织质量管理体系的应用方面、质量管理体系与其他管理体系和卓越模式整合方面，都奠定了概念基础。以下是部分常见术语和定义。

1. 有关人员的术语

最高管理者：在最高层指挥和控制组织的一个人或一组人。

质量管理体系咨询师：对组织的质量管理体系实现给予帮助、提供建议或信息的人员。

管理机构：被赋予技术状态决策职责和权限的一个人或一组人。

2. 有关组织的术语

组织：为实现其目标，通过职责、权限和相互关系而拥有其自身职能的个人或一组人。

组织环境：对组织建立和实现其目标的方法有影响的内部和外部因素的组合。

相关方：能够影响决策或活动、被决策或活动影响，或感觉自身受到决策或活动影响的个人或组织。

顾客：将会或实际接受为其提供的、或应其要求提供的产品或服务的个人或组织。

供方：提供产品或服务的组织。

外部供方：非组织组成部分的供方。

（争议解决过程）提供方：组织外部提供和实施争议解决过程的个人或组织。

3. 有关活动的术语

质量管理：关于质量的管理。质量管理以制定和实施质量方针、质量目标以及质量职责为任务，以质量体系为基础，通过质量策划、质量控制、质量保证和质量改进实现所有管理职能的全部活动，是企业管理的重要环节之一。

质量策划：质量管理的一部分，致力于制定质量目标并规定必要的运行过程和相关资源以实现质量目标。质量策划主要包括产品策划和管理策划，是指制定质量目标并规定其运行过程和相关资源以实现质量目标。

质量保证：质量管理的一部分，致力于提供质量要求会得到满足的信任。质量保证主要分为内部质量保证和外部质量保证，是指为了能够满足质量要求，在质量体系中实施的全部有计划和有系统的活动。

质量控制：质量管理的一部分，致力于满足质量要求。质量控制是指为了达到质量要求所采取的作业技术和活动，其中作业技术包括专业技术和管理技术。

质量改进：质量管理的一部分，致力于增强满足质量要求的能力。质量改进是指为了向企业以及客户提供更多的收益，所采取的提高产品质量活动和过程效益的各种措施。

4. 有关过程的术语

过程：利用输入实现预期结果的相互关联或相互作用的一组活动。

项目：由一组有起止日期的、相互协调的受控活动组成的独特过程，该过程要达到符合包括时间、成本和资源的约束条件在内的规定要求的目标。

质量管理体系实现：建立、形成文件、实施、保持和持续改进质量管理体系的过程。

程序：为进行某项活动或过程所规定的途径。

外包：安排外部组织执行组织的部分职能或过程。

合同：有约束力的协议。

5. 有关体系的术语

体系：相互关联或相互作用的一组要素。

基础设施：组织运行所必需的设施、设备和服务的系统。

管理体系：组织建立方针和目标以及实现这些目标的过程的相互关联或相互作用的一组要素。

质量管理体系：管理体系中关于质量的部分。指在质量方面指挥和控制组织的管理体系。

质量方针：关于质量的方针。指由组织的最高管理者正式发布的关于质量方面的全部意图和方向。

6. 有关要求的术语

质量：质量的本质是一种客观事物具有某种能力的属性。在《质量管理体系　基础和术语》（ISO 9000:2015）中，将质量定义为“客体的一组固有特性满足要求的程度”。

等级：对功能用途相同的客体所做的不同要求的分类或分级。

不合格：未满足要求。“不合格”定义中，以满足“要求”作为判断合格与否的依据。“要求”包含很多方面，如规定的、特定的要求、法律法规要求、明示的要求、习惯上隐含的要求、相关方的要求、必须履行的需求和期望等。

合格：满足要求。

7. 有关结果的术语

产品：在组织和顾客之间未发生任何交易的情况下，组织能够产生的输出。产品的输出类别及含义见表 1–4。

表 1–4 产品的输出类别及含义

产品输出类别	含 义
硬件	指具有特定形状的可分离的产品，可对其计数，如 5 辆单车、一套设备
软件	通常指无形产品，以方法、论文或程序等形式呈现，可采用多种介质传递、储存（如纸张、磁盘、光盘） 常见软件有：计算机程序、移动电话应用程序、自动化生产流水线的控制软件、产品图样、操作手册等
流程性材料	指通过将原材料转化为某一预定形态所形成的有形产品，其数量具有连续性。其状态可以是液体、气体、粉状、粒状、块状、线状或板状等

服务：至少有一项活动必须在组织和顾客之间进行的输出。如图 1–8 所示。

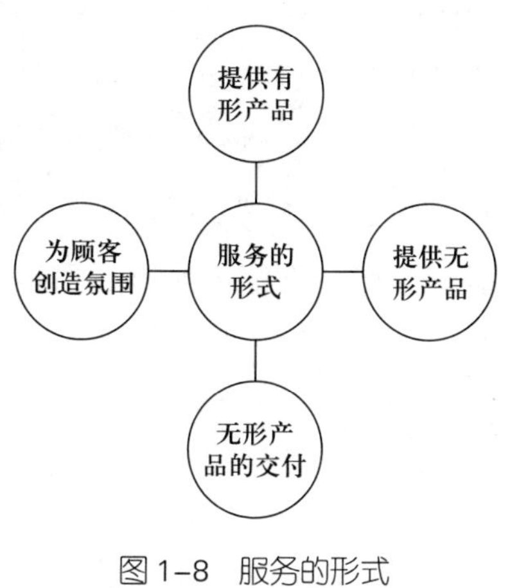

图 1–8 服务的形式

8. 有关数据、信息和文件的术语

质量计划：对特定的客体，规定由谁及何时应用程序和相关资源的规范。

客观证据：支持事物存在或真实性的数据。

成文信息：组织需要控制和保持的信息及其载体。

9. 有关顾客的术语

顾客满意：顾客对其期望已被满足程度的感受。

顾客服务：在产品或服务的整个寿命周期内，组织与顾客之间的互动。

10. 有关措施的术语

纠正：为消除已发现的不合格所采取的措施。

纠正措施：为消除不合格的原因并防止再发生所采取的措施。

预防措施：为消除潜在不合格或其他潜在不期望情况的原因所采取的措施。

返工：为使不合格产品或服务符合要求而对其所采取的措施。

返修：为使不合格产品或服务满足预期用途而对其采取的措施。

* 返工和返修的区别：

两者都是对不合格品采取的措施。经返工的产品或服务，可以消除不合格，成为合格品；经返修的产品或服务，采取措施后，仍属于不合格品，但对其采取一些措施后能够满足预期用途。例如，一个零件尺寸长度要求 50 ± 1 mm，加工后 53 mm；该产品为不合格品，返工后 50 mm，该产品为合格品。若一个零件长度尺寸要求 50 ± 1 mm，加工后 48 mm，该产品为不合格品，就无法返工了，只能返修。通过焊接一定量材料后加工达到 50 mm，这样就满足预期用途了。虽然对下道工序装配不影响，对整个产品性能不影响，可以使用，但该产品仍属不合格品。

资料卡片

ISO 9001:2015 标准

2012 年 6 月，ISO/TC176（TC176 指质量管理体系技术委员会）在西班牙召

开有关修订 ISO 9001 的首次会议，制定了 ISO 9001 修订版的工作项目计划，起草了设计规范草案，形成了 ISO 导则附件 SL。

经过设计规范工作草案（Work Draft，WD）审批、委员会草案（Committee Draft，CD）征询意见及投票、国际标准草案（Draft International Standard，DIS）投票、国际标准草案（Final Draft International Standard，FDIS）投票，于 2015 年 9 月发布了最终标准，即 ISO 9001:2015 标准。

ISO 9001:2015 标准由一系列关于质量管理的标准、指南、技术规范、技术报告、小册子和网络文件组成。

以下是组成 ISO 9001:2015 标准的四项核心质量管理体系标准，具体内容见表 1-5。

表 1-5　ISO 9001:2015 核心标准的构成

编号	标准名称
ISO 9000：2005	质量管理体系：基础和术语
ISO 9000：2015	质量管理体系：要求
ISO 9004：2009	组织持续成功管理：一种质量管理方法
ISO 19011：2011	管理审核指南

ISO 9001：2015 标准体现了质量管理大师的质量理念与管理思想，具有以下三方面特点：

1. ISO 9001：2015 标准以朱兰、戴明、费根堡姆等质量管理大师的质量理念和管理思想为基础，为自身注入了新的内涵，强调“顾客满意，持续改进”。

2. 适应组织所面临的新环境和组织自身的新特征

一方面，ISO 9001：2015 标准消除了偏重于制造业的倾向，考虑了对小型组织的适用性；另一方面，为了防止将 ISO 9000 族标准发展成为质量管理百科全书，ISO 9001：2015 标准简化了其本身的文件结构，取消了应用指南标准，强化了标准的通用性和原则性。

3. 结构简化，可操作性更强

由于 ISO 9001：2015 标准的结构得到简化，从而增加了标准的可操作性。

（1）提出了统一的标准结构，通过 ISO 9001：2015 标准的《附件 SL 附录 2》规定了核心标准均分为 10 章，其他管理体系也由 10 章组成。

（2）强调了质量体系有效运行的证实和效果，体现了新标准注重组织的实际控制能力、证实能力和实际效果，而不是通过文件化来约束组织。

案例剖析

【案例一】

“A 类企业”三一重工

2021 年 1 月 6 日，中国质量认证中心武汉分中心 A 类企业授牌仪式在三一重工长沙产业园举行，三一重工被授予“A 类企业”的荣誉称号。这也意味着三一重工的产品质量及管理水平再次得到国家权威认可。

中国质量认证中心将获得强制性产品认证证书的生产企业严格分为 ABCD 四类。只有满足连续 2 年初始工厂检查、获证后跟踪检查合格、生产现场样品抽取检测合格以及国家级、省级各类产品质量监督抽查结果均为“合格”条件的企业才有资格通过“A 类企业”认证考核。

2020 年，三一重工持续夯实质量管理基础，完善质量管理体系建设，顺利通过 3 C 年度监督审核，并保证 ISO 9000（质量管理体系）、ISO 14001（环境管理体系）、ISO 18001（职业健康安全管理体系）、ISO 10012（测量管理体系）等体系有效运行。根据国家认证认可监督管理委员会发布的《工厂分级管理指导原则》中关于 A 类企业的要求，三一重工的产品质量和管理水平等各项指标也均符合 A 类企业要求。

三一重工作为中国自主品牌向全世界展现了“中国制造”的过硬品质和全球领先技术实力。

【案例二】

农夫山泉的质量管理体系

为确保产品品质，农夫山泉股份有限公司（以下简称农夫山泉）建立了严格的质量管理体系，无论是产品生产、产品储运还是产品销售，都做到了全过程严格监控。在农夫山泉的生产基地，所有现代化生产厂房均按优良生产规范（GMP）标准建造，其中注塑和灌装车间分别达到 10 万级和 1 万级的净化标准。

农夫山泉始终把培养技术人才和加强质量管理放在首位，建立了一整套完整的质量保证、监督体系。各主要生产基地均通过了 ISO 9001 认证并获得食品质量安全市场准入（QS 认证）、食品安全管理体系认证（HACCP）、环境体系（ISO 14000）认证、二级计量认证（ISO 10012）和“C”标认证。农夫山泉始终坚持对原料采购、生产制造、出厂检验、仓储运输等各环节层层把关，因为农夫山泉坚信只有高品质的产品才能支撑“农夫山泉”这块金字招牌。

思考题

1. 阅读案例一，思考三一重工的质量管理体系有什么特色。

2. 阅读案例二，思考农夫山泉的产品质量保障体系包括哪些环节。

3. 结合以上两个案例，谈一谈质量管理体系对企业的意义是什么。

即学即用

1. 你认为企业花费大量的人力物力通过 ISO 9000 认证是否值得？

2. 请简要谈谈实施 ISO 9000 质量管理体系标准具有哪些作用。

3. 在本节所提供的质量管理体系基本术语中，哪一个或哪几个术语最容易产生歧义或混淆？请简要说说你对它（它们）的理解。

学无止境

质量管理体系的文件

质量管理体系的文件是信息及其载体，其能够达到信息沟通的目的。质量管理体系明确要求企业应建立完整的、科学的质量体系文件。质量管理体系的文件一般分三个层次：第一层次为质量手册，是组织的质量大法；第二层次是程序文件（标准、规范）；第三层次是管理文件（指导书、操作规程、守则、管理制度、记录等）。如图 1–9 所示。

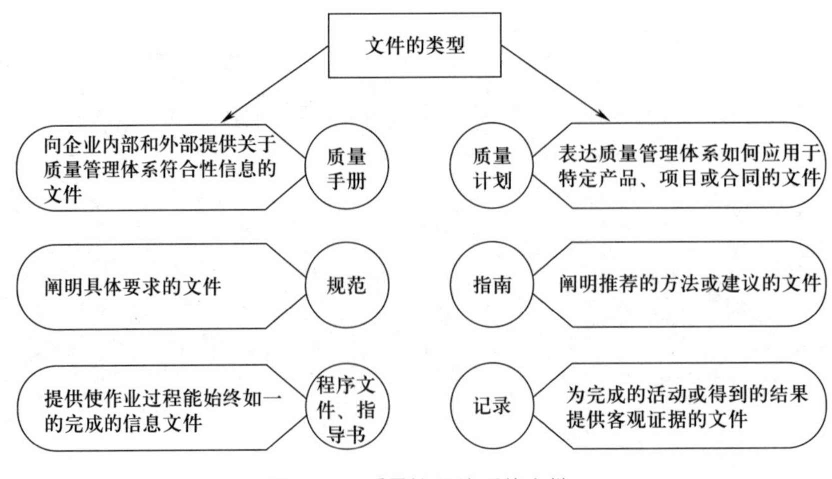

图 1–9　质量管理体系的文件

质量管理的组织

2.1 质量管理部门的职能和职责

学习目标

1. 了解质量管理部门的职能和职责。

2. 对质量管理部门的组织结构有初步的了解和认识。

一目了然

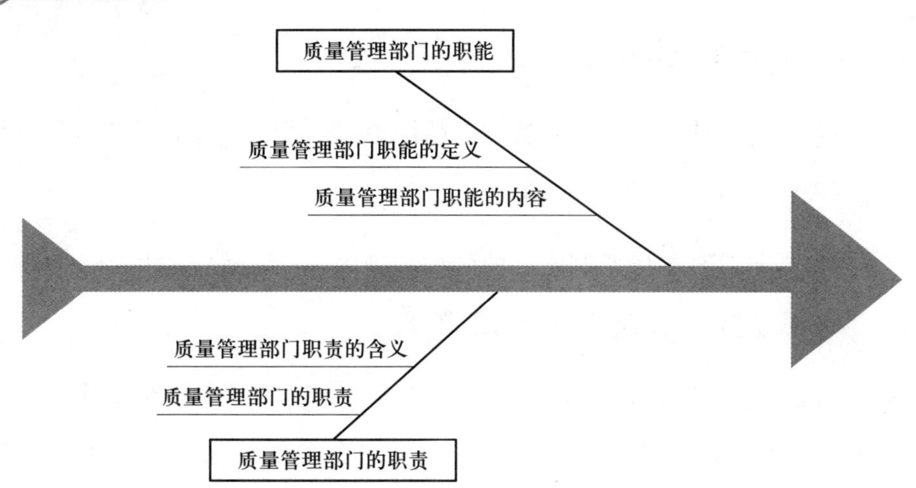

开卷有益

2012年，美的集团（以下简称美的）正式施行“精品战略”，产品的质量成为最高战略要求。美的质量管理，从满足基本标准的符合性上升到了精益求精、让用户满意的可靠性。为了实现这一质量管理上的升级，美的从组织、考核、权责、流程、标准五个方面做出了重大的改变。集团成立科技与品质部，各事业部品质部门上升为一级部门。同时，集团品质管理职能做了根本性的调整，负责追究各事业部暴露的质量问题，注重提升品控能力。品质指标压倒其他一切考核指标，同时，为避免短期行为，加大品质指标考核周期。通过施行“精品战略”，美的产品质量不断提升。2021年9月16日，美的荣获第四届中国质量奖。

质量管理部门的履职能力，对质量管理体系的运行和持续改进有着重要的作用。因此企业要重视质量职能的设计，对职能内容进行合理分配，推动质量管理体系的有效运作和企业经济效益的提升。

2.1.1 质量管理部门的职能 *

1. 质量管理部门职能的定义

质量管理部门的主要职能是保证企业产品和服务的质量，负责生产过程的质量管理及质量体系的运行。

2. 质量管理部门职能的内容

（1）组织管理。建立健全质量管理部门的组织结构，组建负责质量管理的工作团队，明确各个岗位的权限和职责。

（2）拟定质量管理制度。制定企业的质量管理方针，确定质量管理目标，拟定质量控制、质量检验和质量改进等管理制度。

（3）制订、落实质量工作计划。编制年度、季度和月度质量工作计划，把工作计划落实到具体的执行人员，并组织计划的实施、协调、检查和考核等工作。

（4）检验、测量和试验设备的管理监督工作。定期对检验、测量和试验设备及计量仪器进行监督检查，及时更换报废或已经过时的设备和仪器，确保产品质量符合规定的要求。

（5）建立全面的质量管理体系。建立并完善质量保证体系，组织企业内部质量管理体系的策划、实施、监督和评审等各项工作。

（6）质量信息管理工作。收集和掌握国内外先进质量管理经验，负责组建组织内外部信息系统，组织处理信息，并向企业员工传递有关质量信息。

（7）配合制订、实施质量管理教育培训计划。协助人力资源部门制订全员质量管理的教育培训计划，并负责开展质量培训工作。

（8）其他相关工作。定期向上级主管部门汇报质量管理工作的有关情况。

2.1.2 质量管理部门的职责 *

1. 质量管理部门职责的含义

质量管理部门的主要职责是负责贯彻实施企业的质量方针和质量目标，保证企业质量管理体系符合 ISO 9000 系列标准要求，对出厂产品或服务的质量负主要责任。

2. 质量管理部门的职责

质量管理部门的一般职责包括：

（1）负责企业各种质量管理制度的制定与实施，以及各种质量管理活动的组织与推动。

（2）建立健全质量管理目标责任制，确保产品质量的稳定提高，及时处理各种质量事故和纠纷。

（3）组织实施对原材料、外协件、工序和成品等的检验工作，并出具检验报告。

（4）组织对生产过程进行质量管理，提出生产过程质量的改善措施，并在获得批准后组织实施。

（5）组织对不合格产品或服务进行评审，针对质量问题组织制定纠正、预防和改进的措施，并加以跟踪和验证。

（6）负责定期提供质量管理工作的年度、季度和月度统计报表，为领导层的决策提供依据。

（7）编制质量统计的各类报表，建立和完善质量成本统计核算程序。

（8）分析客户质量投诉及销货退回案件，并制定改善措施。

（9）对相关的检验仪器、量具、实验设备等进行管理，及时申购质量工作所需器具。

（10）建立和完善质量管理体系，执行质量管理规定，并负责质量管理体系的认证、组织和推行。

（11）配合人力资源部门做好全员质量管理的教育培训工作。

（12）组织进行供方评价；建立质量信息系统，并组织实施。

（13）做好其他相关的质量管理工作。

*“职能”与“职责”这两个概念比较容易混淆，它们之间除了定义不同外，还具有两个方面的区别：一是两者针对的对象不同。职能针对的是部门；职责针对的可以是个人也可以是团体。二是两者性质不同。职能是某个人被赋予了一些权力，使他在某些方面有一定的管辖权，但这并没有给他带来一定的责任；职责不仅仅是被赋予了权力，同时他还需要承担一定的责任。

资料卡片

质量管理部门的组织结构制定流程设计（图 2-1）

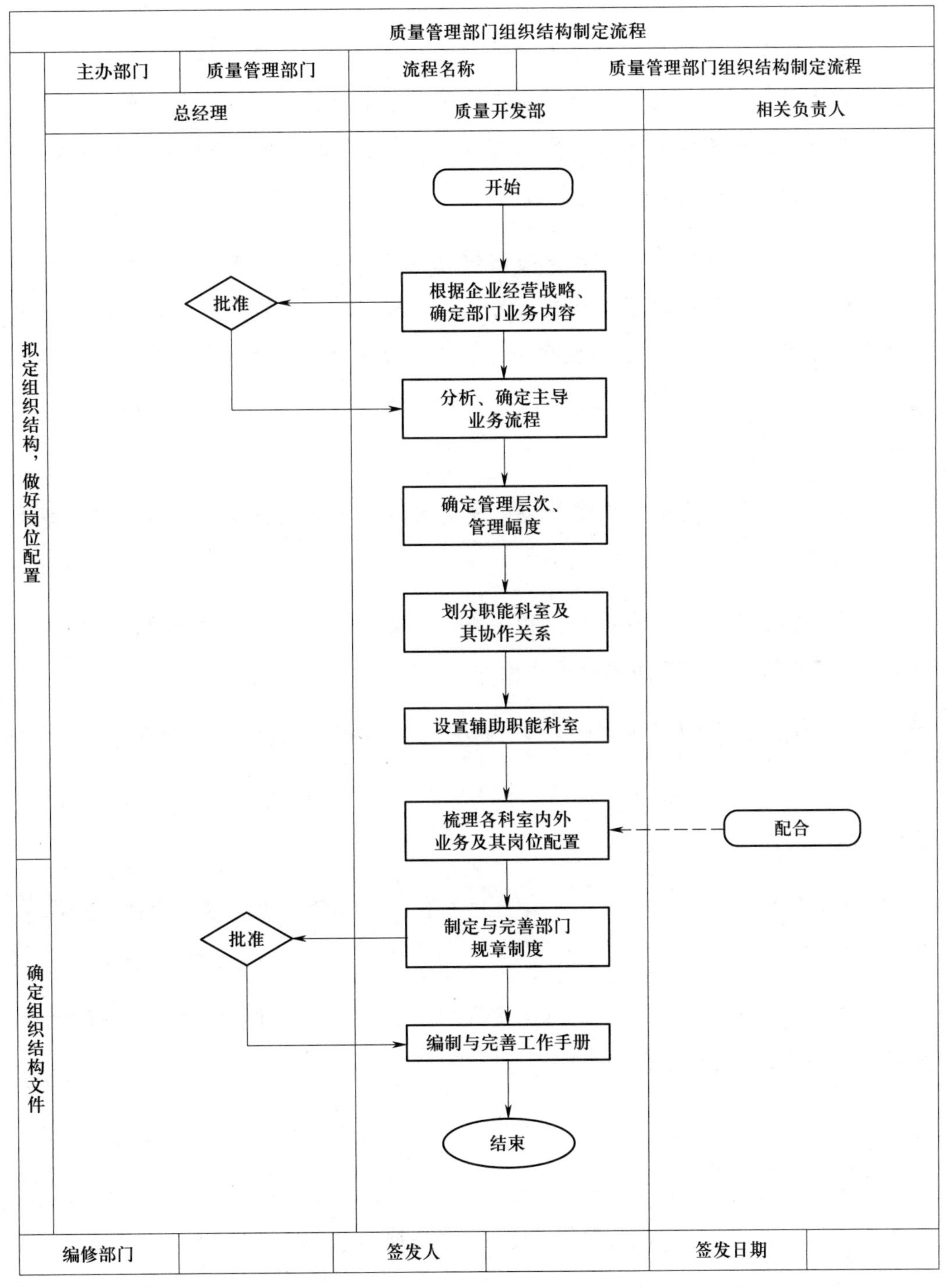

图 2-1 质量管理部门组织结构制定流程

案例剖析

【案例一】

小米公司的组织架构调整

小米科技有限责任公司（以下简称小米）是一家以智能手机、智能硬件和物联网平台为核心的消费电子及智能制造公司。小米对旗下产品质量非常重视，一直坚持不惜一切代价强化产品质量。在2017年10月的“小米手机质量总结大会”上，雷军强调“质量是小米的生命线”。

一直以来，小米都将质量升级与创新视为同等重要的公司核心战略。小米上市后，进行了多次的组织架构调整。为了强化集团质量管理工作，完善质量组织的职能，小米在2019年将原集团质量办公室与安全合规部合并为新的集团质量办公室。集团质量办公室下设质量运营部、产品质量部、用户体验部、服务质量部以及安全合规部五个部门。

1. 质量运营部，负责协调监控公司质量运行状况，完善质量绩效、质量事故等管理机制。

2. 产品质量部，负责各硬件产品业务线的质量、用户体验的推进、监督和考核工作；同时负责搭建集团“以用户为中心”的用户洞察体系。

3. 用户体验部，负责互联网相关部门的质量、用户体验的推进、监督和考核工作。

4. 服务质量部，负责改善集团服务品质，推动销售服务相关部门的品质提升、用户体验的工作。

5. 安全合规部，负责推动落实公司产品和商业安全合规要求，降低业务运营合规风险。

此举进一步提升了小米产品和服务的品质管理能力，持续推动用户体验的改善以及产品和商业的安全合规管理。

【案例二】

平高电气如何实现高质量发展

“诚信为本、一次做对、健全体系、预防为主、追根求源、继承积累”是河南平高电气股份有限公司（以下简称平高电气）的质量方针。平高电气全面落实向高质量发展转变的要求，通过组建公司质量管理专家库，推进全面质量管理，持续优化质量管理体系建设，将高质量发展作为重点。

平高电气成立质量管理委员会，严格落实各层级质量职责，明确职责分工与协作，压实质量责任，组织质量管理各层级骨干人员召开月度、季度会议，传达重要工作、指示解决质量问题。

广泛开展质量专项活动，通过中层领导每周深入一线讲质量课、开展质量调研、解决典型质量问题、参加班组班会、开展现场巡视，多维度、多层级掌握现场情况、把控提升方向、引导质量提升。

平高电气建立研发设计、生产制造、售后服务三大零缺陷体系，改变传统装备制造业研制模式和质量管控模式。通过持续高压态势实施质量监督，推动质量考核，培育质量文化，优化质量管理活动，组织全员参与特色质量活动，形成全员、全过程深度参与质量提升的文化氛围，切实保证产品质量，全力助推企业高质量发展。

思考题

1. 阅读案例一，思考小米公司是如何强化集团质量管理工作的。

2. 阅读案例二，思考平高电气如何通过优化质量管理来助推企业高质量发展。

3. 结合以上两个案例，谈一谈质量管理部门职能对企业发展的作用。

即学即用

1. 有人说“质量管理部门并不直接产生经济效益，必要时可舍弃，以减少不必要的开支”，对此，你是否同意？为什么？

2. 你认为质量管理部门哪些职责最重要？请列举出三项并简要谈谈自己的观点。

学无止境

质量管理部门的权力

- 有权制定、实施和控制质量管理方针。
- 对质量计划、质量异常处理具有审批权。
- 对质量事故、检查中出现的问题，依程序和制度具有提请处罚的权力。
- 有权对不合格品进行管制。
- 在部门内部具有开展工作的自主权。
- 有权在重大、紧急质量事故中越级指挥。
- 有权越级汇报重大、紧急质量事故。
- 具有预算及控制质量管理经费的权力。
- 对部门内部员工的聘任、解聘、考核和处罚具有建议权。
- 其他与质量管理工作相关的权力。

2.2 质量管理岗位和职责

学习目标

1. 了解常见的质量管理岗位。

2. 对质量管理岗位的职责内容有初步的认识。

一目了然

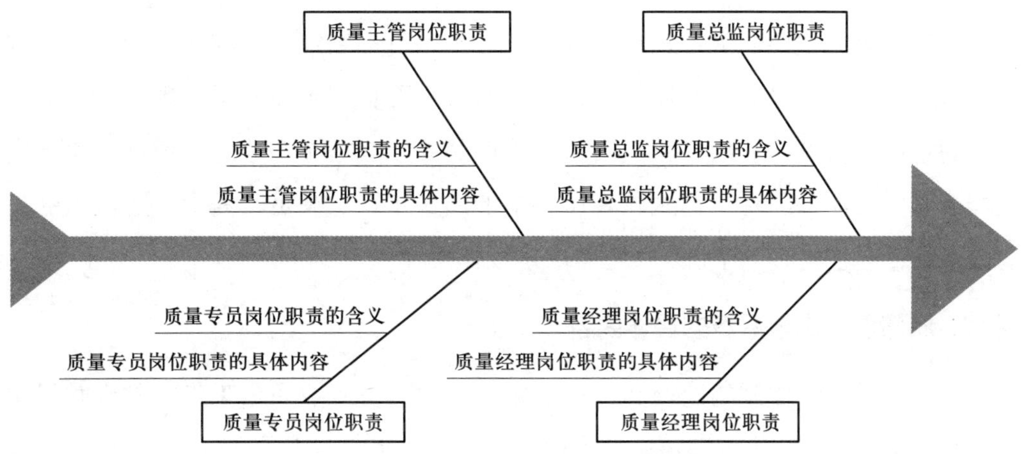

开卷有益

河钢集团石家庄钢铁有限责任公司（以下简称河钢石钢）是一家专业化特钢棒材生产企业。围绕市场和产品两大关键，河钢石钢深入开展产品质量和服务质量双提升，最大限度量化客户质量要求，明确各部门责任和考核，推动全员强化质量意识。

为实现战略客户产品质量分级管控，企业建立战略客户质量信息传递卡，对战略客户订单生产中每一炉钢水的质量控制信息都进行数据登记，由炼钢、精炼和连铸工序负责传递，当班班长签字后送技术室存档。同一个月，技术中心品质部在原信息传递卡基础上制定的生产流转卡正式启用，由炼钢厂开卡，随产品实物经轧制、成品精整等工序流转，直至入库报验。生产流转卡规范了现场实物管理，最大程度避免了混号事故发生。

此外，河钢石钢强化影响产品质量关键因素的管理，设置质量管理点、控制点，强化重点部位和薄弱环节管控，建设质量标准化岗位，突出生产线负责人质量责任，发挥考核导向作用，提升质量管理水平，提高现场作业标准化水平稳定过程控制，强化质量基础。

河钢石钢通过多种方式明确质量管理岗位职责，创新管理岗位工作流程，强化了全员质量意识，对提升客户满意度和企业生产经济效益有着十分重要的意义。

2.2.1 质量总监岗位职责

1. 质量总监岗位职责的含义

质量总监的主要职责是在总经理的领导下，负责制定并实施本企业的质量战略、质量目标、质量方针和质量体系等工作，全面负责企业质量管理工作，提高客户满意度，实现企业的经营战略目标。产品质量战略是企业为了设计和生产出顾客所需要的质量特性、达到顾客所要求的质量水平、满足其需要，所做出的长远性谋划，对企业的生存和发展起着决定性作用。

2. 质量总监岗位职责的具体内容

（1）质量管理体制的建设和组织实施。全面负责企业质量工作，制定并组织实施企业质量战略；组织制定质量管理方针，建立相应的质量目标。

（2）推进质量管理体系的建设与完善。组织和指导质量管理体系的建设，组织质量管理部人员对其进行审核，并对其做有效控制；组织编制完备的质量体系文件，监督体系文件的执行与日常管理；组织开展质量管理体系的评审与认证工作。

（3）指导和监督企业质量管理工作。审核企业质量控制流程及制度规范，并监督检查质量执行情况；会同相关部门评估供应商质量体系，选择合适的供应商；负责规划、组织和协调质量检验工作。

（4）持续进行质量改善。负责召开重大专题会议，协调各部门开展重大质量改善和成本降低项目；组织制订质量改善计划并指导、监督各部门执行。

（5）质量问题与质量事故处理。组织开展对产品或服务质量的监控工作，及时发现和解决产品或服务质量问题；参与重大质量风险和质量事故的处理工作；组织开展对质量投诉的管理、调查和处理工作。

（6）员工的质量教育培训。负责组织质量方面的培训工作；在质量培训过程中负责讲授部分质量课程。

（7）员工绩效考评。负责对质量管理部员工的日常工作进行监督和考核；负责对质量项目中小组成员的工作绩效进行评价。

2.2.2 质量经理岗位职责

1. 质量经理岗位职责的含义

质量管理部经理的主要职责是在质量总监的领导下，负责企业的日常质量管理工作，贯彻落实质量方针、质量目标和质量指标，围绕质量管理体系实施有效监控，实现产品和服务质量的持续改善。

2. 质量经理岗位职责的具体内容

（1）质量管理制度的建设。参与制定企业质量管理的各项制度和标准并监督执行；指导贯彻落实企业的质量方针和质量目标。

（2）推进质量管理体系建设和完善。指导编制完备的质量体系文件，监督体系文件的执行与日常管理；负责开展质量管理体系的评审与认证工作；负责领导质量管理部人员对质量管理体系进行审核并对其做有效控制。

（3）指导和监督企业质量管理工作。监督和检查企业各部门的质量执行情况；会同有关部门评估供应商质量体系，选择合适的供应商；负责组织和协调质量检验工作。

（4）推进质量改进工作。协助各部门开展重大质量改善和成本降低项目；组织制订质量改善计划并指导、监督员工执行。

（5）质量问题与质量事故的处理。组织对产品质量的监控工作，及时发现和解决产品和服务质量问题；参与重大质量风险和质量事故的处理工作；组织对质量投诉的管理、调查和处理工作。

（6）组织开展企业的质量教育培训工作。组织制订和实施企业年度质量教育培训计划；在质量培训过程中承担部分质量课程的讲授工作。

（7）员工管理。负责对质量管理部人员的日常工作进行监督和指导；负责质量管理部人员的工作绩效考核和工作调动；负责安排质量管理部员工的岗位技能培训。

2.2.3 质量主管岗位职责

1. 质量主管岗位职责的含义

质量主管的主要职责是在质量管理部经理的领导下，组织质量专员建立并维护质量管理体系，开展质量检验、改进和控制等工作，实现企业的质量目标。

2. 质量主管岗位职责的具体内容

（1）质量管理制度的建设。协助质量管理部经理编制质量管理的各项制度和工作计划；贯彻落实企业的质量方针和质量目标。

（2）推进质量管理体系的落实和完善。组织人员编制完备的质量体系文件，监督体系文件的执行与日常管理；监督和指导各部门落实质量管理体系；定期组织制订质量检查和质量控制计划。

（3）推进相关部门的质量改进工作。制订质量改善计划并指导、监督员工执行。

（4）及时处理质量问题与质量事故。负责产品质量的监控工作，及时发现和解决产品和服务质量问题；参与重大质量风险和质量事故的处理工作；负责权限和职责范围内的质量投诉的调查、处理工作。

（5）下属员工管理。指导和监督下属员工的日常工作；对下属员工的工作绩效进行考核评价；负责下属员工的岗位技能培训工作。

2.2.4 质量专员岗位职责

1. 质量专员岗位职责的含义

质量专员的主要职责是在质量主管的领导下，检验质量管理体系的执行情况，对原材料、在制品、外协件和产成品进行检验，做好检验记录，认真实施对产品和服务的质量控制。

2. 质量专员岗位职责的具体内容

（1）协助质量主管完成质量管理制度的建设。协助质量主管制定各项质量控制制度和质量检验标准；负责向各部门传达和解释各项质量体系文件。

（2）负责企业各方面的质量检验工作。协助质量主管制订具体的质量检验计划；负责原材料、生产器具、成品、半成品等的质量检验工作；负责车间工序流程和员工操作程序的质量检验工作；负责检验记录和检验工具的保管工作。

（3）监督相关部门的质量管理工作。负责监督相关部门对质量方针、质量目标、质量计划的落实情况；负责督促和协助各相关部门完成质量改进工作；负责开展对供应商的质量控制工作。

（4）质量问题调查和分析。负责各部门日常质量信息的收集、整理和分析工作；负责质量问题和质量事故的调查工作，提出处理建议。

资料卡片

质量管理组织结构示例图（图 2-2）

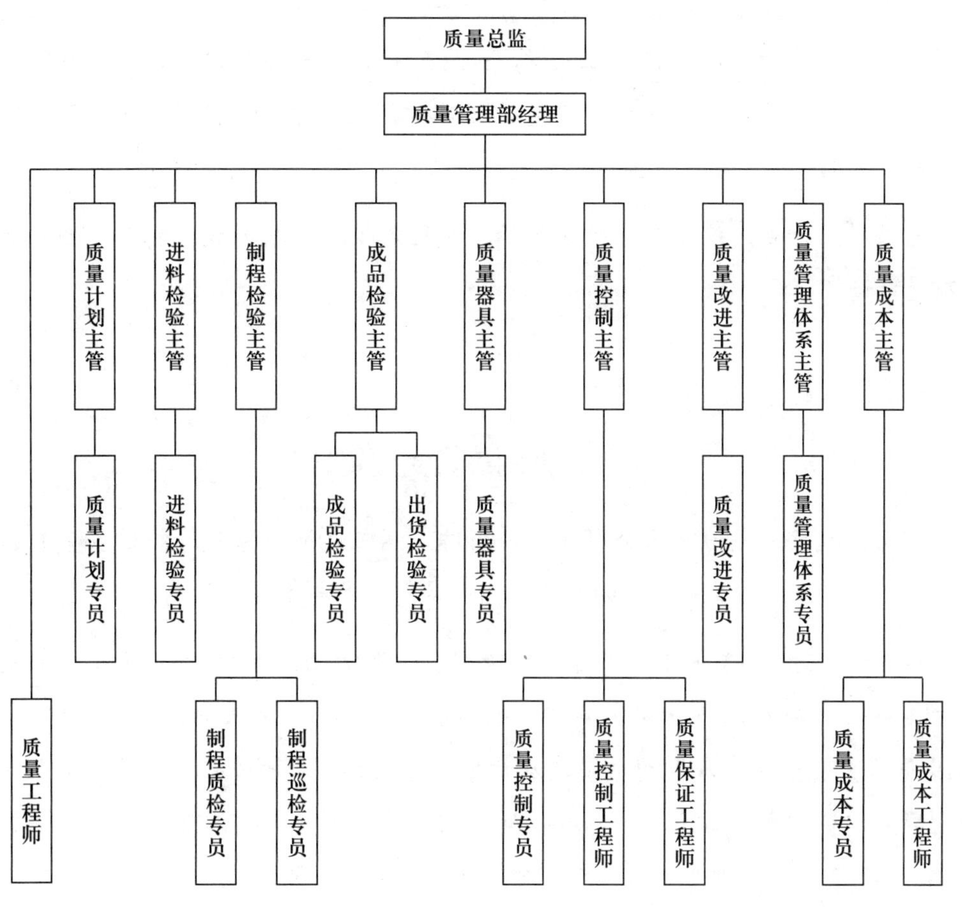

图 2-2　质量管理组织结构示例图

案例剖析

【案例一】

史丹利化肥贵港有限公司产品的质量保证

史丹利化肥贵港有限公司是史丹利农业集团股份有限公司于2008年在广西贵港市投资兴建的一家子公司，它是集复合肥研发、生产和销售为一体的高新技术企业。

近年来，由于市场发展快，产品少、质量差的生产厂家逐步被淘汰。为此，史丹利化肥贵港有限公司进行了多次技术改革，确保企业产品的质量。

除了采购先进计量设备，实现精准投料，科学分析生产数据，时时监控生产情况外，史丹利化肥贵港有限公司还设置了关键质量岗位以及关键控制点，明确各岗位的职责分工。投料人员按生产配方进行投料，中控人员每隔一个小时到投料口清点包装袋数量，确保与皮带秤上的DCS配料系统中的数据保持一致，并根据生产需要及时调整配料系统。库管员根据工单管控作业流程，对每个班组使用的原料以及产出的成品进行验证收货，如发现投入及产出超过公司要求范围，立即调查原因。公司每月召开生产质量成本分析会议，对生产过程中出现的问题进行分析、总结，提出解决方案。

通过以上措施，该企业有效提升了产品稳定性和包装质量，实现了企业产品的质量保证。

【案例二】

华润三九的质量文化宣导

华润三九医药股份有限公司（以下简称华润三九）观澜基地经过多年来的质量文化宣导，全体员工对质量的重要性高度认同，参与度也非常高。

华润三九连续13年开展“质量宣传月”主题活动，连续19年开展“平凡岗位也美丽”的质量改善活动，推出“岗位技能大赛”“知识竞赛”等经典项目。2019年的“质量宣传月”活动更是别开生面，例如传道授业的“质量学苑”，鼓励创新的“微视频作品征集”，解疑释惑的“质量知乎”，精益求精的“精益现场”，表彰先进的“质量之星”等。通过一系列活动，全体员工的质量意识持续提升，并且将质量意识内化于心、外化于行。

在人员配置方面，观澜基地现有员工三百多名，而其中，质量管理人员超过百名。这个比例体现了企业强化质量管理的意识。

华润三九一直把质量放在企业发展的第一位，坚持“质量是企业的生命线，质量也是打开市场的钥匙”。通过在质量方面的不懈努力，该企业获得了消费者的信赖和认可。

思考题

1. 阅读案例一，思考史丹利化肥贵港有限公司是如何进行质量管理的。

2. 阅读案例二，思考华润三九如何在不同岗位上提升员工的质量意识。

3. 结合以上两个案例，谈一谈如何实现企业的质量目标。

即学即用

1. 质量总监在开展员工质量教育培训时具体要实施哪两个方面的工作？

2. 请对比质量总监与质量经理岗位职责，说说它们之间的区别。

3. 假设你是企业的质量主管，请简要介绍你的岗位职责。

学无止境

质量管理岗位设计原则

企业在设计质量管理岗位时，应根据生产现场的质量控制需求，选择设计方案，设计时应遵循以下 4 点原则，见表 2–1。

表 2–1　质量管理岗位设计原则

原则	具体要求
目标一致原则	因事设职、因职设人，质量岗位设计要以品质目标和任务为主要依据
分工协作原则	现场质量管理岗位划分、业务归口应兼顾专业分工及协助配合；明确分工的责任和协作的义务，将分工和协作结合起来
权责相等原则	权责相等是发挥组织成员能力的必要条件，岗位设计时必须严格保证每一职位拥有的权利与其承担的责任相称
权责明确原则	不相容的职务需进行明确的职责权限划分，确保不相容岗位互相分离、制约和监督

质量控制

3.1 产品设计质量控制

学习目标

1. 了解产品设计质量管理的目的、内容和步骤。
2. 对常见的产品设计质量控制方法有初步的了解。
3. 了解质量功能展开的含义、构成和质量屋。
4. 对服务设计及其一般方法有初步的认识。

一目了然

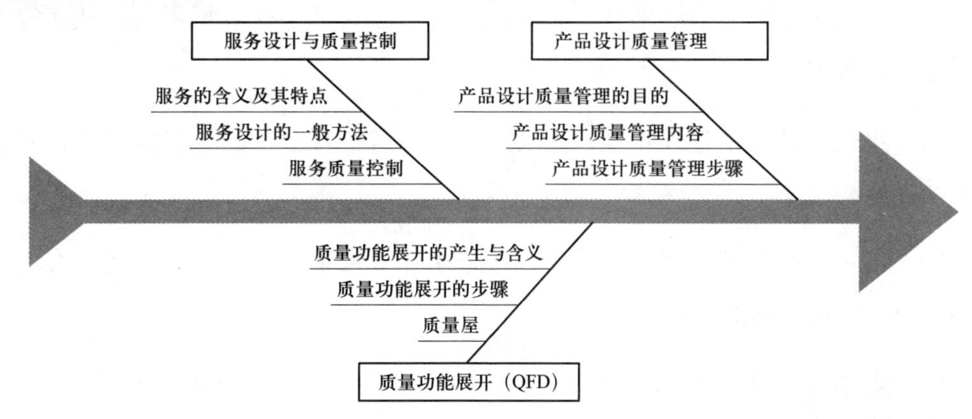

开卷有益

2021 年 12 月 14 日，中国煤炭科工集团有限公司煤科院（以下简称煤科院）极索融雪剂正式签约北京冬奥会。融雪剂项目组先后 2 次赴北京冬奥组委进行调研，针对冬奥场馆使用要求进行了产品设计，坚持做好技术支持，保证设计工作质量，按时按质完成设计任务。煤科院设计研发的“极索”环保型融雪剂，于 2021 年 3 月顺利通过冬奥场馆分次对比实验和防滑效果、气味检测检验，11 月底投入测试赛应用检验，有效满足了北京奥组委对融雪剂性能和融雪效果的要求，交出了高质量助力“科技冬奥”的满意答卷。

产品设计质量控制的意义重大，牵一发而动全局。如果产品设计存在漏洞，那么生产时可能就需要通过调整和更换设备、物料等来解决问题，耗费大量的时间成本和经济成本。而好的产品设计，不仅体现在功能上的优越性，而且便于制造。企业生产都十分注意产品设计的细节，以便在激烈的市场竞争中处于不败之地。

3.1.1 产品设计质量管理

产品设计开发是产品质量形成的最初阶段，做好产品设计开发阶段的管理，对产品的质量起着至关重要的作用。据统计资料显示，产品质量的好坏，约 70% 是由产品设计的质量所决定的。

1. 产品设计质量管理的目的

质量是设计和制造出来的，不是检验出来的，设计过程中质量管理起着至关重要的作用。企业对产品设计进行质量管理有以下五个方面的目的：

（1）确保质量标准的科学性、合理性，使产品设计工作有据可依，从而提高员工的质量意识。

（2）规范产品设计过程管理，保证产品设计各个环节中的质量难题能得到有效解决。

（3）规范产品设计的实施、评审、改进工作，保证产品设计能满足顾客的需求、符合产品质量标准。

（4）规范工艺设计过程，缩短工艺设计开发周期，保证产品顺利投产。

（5）完善产品试制流程，确保产品设计验证工作有章可循，进展顺利。

2. 产品设计质量管理的内容

设计过程就是把顾客需求转化为对产品或服务的技术要求的活动。产品设计质量管理是为了保证设计工作质量、组织协调各阶段质量职能、以最短时间和最少消耗完成设计任务。其具有以下五个方面的内容：

（1）产品设计的总体构思。根据市场调研结果，掌握顾客的质量要求，进行产品创意，形成产品的总体构思。

（2）确定产品设计的具体质量目标。利用各种经济指标和核算方法，对产品的经济价值、质量成本等进行分析，寻求最有利的方案，即最佳工艺方案，以实现质量和经济效益的统一，常用方法有价值工程、试验设计、容差设计、方案比较法、投资与成本对比法、成本效益分析法、最优化设计等定量计算方法。

（3）明确产品设计的工作程序。将设计部门中各层次、各环节的技术人员在产品设计及设计质量管理活动中的责、权、利进行合理划分，并以制度形式固定下来。对设计部门的各组成部分、各技术人员之间的关系和设计活动过程中的联系方式与程序做出规定。

（4）组织设计质量评审。安排好“早期报警”，包括设计评审、故障分析，做好产品试验验证，消除先天性缺陷。

（5）质量特性的重要性分级。做好质量特性重要程度的分级和传递，使其他环节的质量职能能按设计要求进行重点控制，确保质量控制的经济性。

3. 产品设计质量管理的步骤

产品设计是将对产品的要求转换为产品特性和产品规范的过程，其输出通常包括：产品图样（或产品配方、工艺参数等）、产品质量特性重要度分级表、设计计算书、可靠性分析报告、采购规范、产品标准或验收规范、产品说明书等。产品设计质量管理一般包含以下的步骤：

（1）研究用户对产品质量的要求。

（2）制定产品质量水平方案。

（3）编制产品设计书，具体内容包括：产品性能和技术上的代用特性及其目标值，研究实现目标值的方法，同时概算出产品成本。

（4）制定产品补充的技术条件，确定应采取的技术措施。

（5）编写产品试验规程。

（6）编写产品使用说明书和维修说明书，保证产品到用户手中以后能正确使用，真正实现产品的功能并保证其可靠性。

（7）编制产品的检查规程，具体规定产品在生产过程中应进行控制和监督的有关质量的计量方法和计测检查手段。

（8）制定产品在试制阶段的质量跟踪方案，运用工序能力调查的信息，确定要进行调查的质量特性项目和收集的有关质量数据，做好准备工作。若产品涉及可靠性、安全性、维修性、环境适应性等要求，应在设计时一并进行设计。

（9）根据检查规程，确定产品检查项目以及所需检测仪器和测量工具。

（10）修订质量设计指南，将质量设计工作中取得的新成果补充进去。质量设计指南是根据检查标准、技术标准、作业标准、设备参考资料等材料，汇总质量设计方面有用的项目和数据而编成的参考手册。

（11）确定工艺设计的准备工作。

（12）组织专门小组进行设计评审，完善设计中考虑不周之处，寻找存在的问题，并运用质量管理方法加以解决。

资料卡片

产品设计的 DfX 方法

DfX（Design for X）是指面向产品生命周期的产品或服务的设计方法，即为产品生命周期内某一环节或某一因素而设计。DfX 综合了计算机技术、制造技术、系统集成技术和管理技术，充分体现了系统化的思想。其中，X 可以代表产品生命周期内的某一环节，如制造、测试、使用、维修、回收、报废等，也可以代表决定产品竞争力的某一因素，如质量、成本等。最常用的 DfX 方法如图 3-1 所示。

图 3-1 最常用的 DfX 方法

以下为其中三种主要的 DfX 方法，见表 3-1。

表 3-1 主要的 DfX 方法

名称	定义	作用和特点
DfM 可制造性设计	主要研究产品本身的物理设计与制造系统各部分之间的相互关系，并把它用于产品设计中，以便将整个制造系统融合在一起并进行总体优化	优化产品功能与制造成本的关系，对于提高产品的可靠性、稳定性，减少产品开发和制造成本，增强产品在市场上的竞争力具有重要意义
DfC 面向成本的设计	在满足用户需求的前提下，分析和研究产品制造过程及销售、使用、维修、回收、报废等产品生命周期中各个部分的成本组成情况	对原设计方案中造成产品成本过高的项目进行完善，以降低设计与制造成本
DfE 绿色设计	在保证产品的性能、质量的前提下，考虑产品在其整个生命周期中对资源和环境的影响，使产品对环境的总体影响降到最小	能最大限度地减少资源消耗，排放量最小，可最大化回收利用等

3.1.2 质量功能展开（QFD）

1. 质量功能展开的产生与含义

质量功能展开首创于日本。1972 年三菱重工有限公司神户造船厂首次使用了“质量表”。1978 年 6 月，水野滋和赤尾洋二在其著作《质量功能展开》中从全面

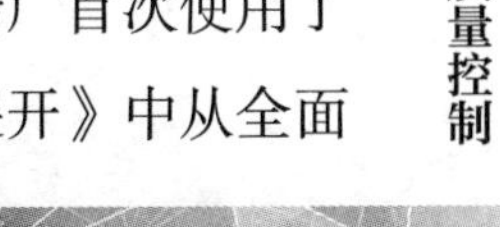

质量管理的角度介绍了这种方法。在 20 世纪 80 年代以后，质量功能展开逐步受到世界其他国家的重视，得到广泛的应用。

质量功能展开的内涵是在产品设计与开发中充分倾听顾客的声音。它是一种立足于在产品开发过程中最大限度地满足顾客需求的用户驱动式质量保证方法。其目的是在产品设计和开发阶段就对如何以顾客为焦点、如何系统地保证和改进产品质量进行全方位部署，从而对产品质量的形成实施全过程、一体化的优化与控制。

质量功能展开是一种集成的产品开发技术，这里的“集成”有以下两个含义：

（1）各种技术的集成，包括顾客需求调查、价值工程和价值分析、失效模式与影响分析（FMEA）、矩阵图法、层次分析法等。

（2）各种职能的集成，包括市场调查、产品研发、工程管理、制造、客服等。

实施质量展开功能的关键是将顾客需求分解到产品形成的各个过程，将顾客需求转换成产品开发过程具体的技术要求和质量控制要求。通过对这些要求的实现来满足顾客的需求。

2. 质量功能展开的步骤

顾客需求是质量功能展开的最基本的输入，是质量功能展开实施过程中最关键和最困难的工作。要获取顾客需求，既要通过各种科学的方法、手段和渠道进行搜集、分析和整理，还要采用数学的方式加以描述。

（1）确定顾客的需求。由市场研究人员选择合理的顾客对象，再利用各种方法和手段，通过市场调查，全面收集顾客对产品的各种需求，然后将其总结、整理并分类，得到正确、全面的顾客需求以及各种需求的权重。

（2）产品规划。其主要任务是将顾客需求转换成产品的技术特性，并根据顾客需求的竞争性评估和技术需求的竞争性评估，确定各个技术需求的目标值。

（3）确定产品设计方案。根据产品技术需求的目标值，对产品进行概念设计和初步设计，并选出一个最佳的产品整体设计方案。

（4）零件规划。基于产品整体设计方案，按照产品规划矩阵所确定的产品技术需求，确定对产品整体组成有重要影响的关键部件或子系统及零件的特性，利用故障树分析（FTA）等方法对产品可能存在的故障及质量问题进行分析，以便采取预防措施。

（5）零件设计及工艺过程设计。根据零件规划中所确定的关键零件的特性及已经完成的产品初步设计结果，进行产品的详细设计，完成产品各部件或子系统及零件的设计工作，制定工艺实施方案，完成产品工艺过程设计，包括制造工艺和装配工艺。

（6）工艺规划。通过工艺规划矩阵，确定为实现关键产品特征和零部件特征所必需的关键工艺步骤及其特征，并确定其重要程度。

（7）工艺或质量控制。通过工艺或质量控制矩阵，将关键零件特性所对应的关键工艺参数转换为具体的工艺或质量控制方法，包括控制参数、控制点、样本容量及检验方法等。

3. 质量屋

质量屋是实施质量功能展开的一种非常有用的工具。由于其表现形式是形状如房屋的图形，故称质量屋。

质量功能展开的基本原理就是用质量屋的形式，对顾客需求与产品设计的关系度进行量化分析，经数据分析处理后，找出对满足顾客需求贡献最大的工艺措施，即关键措施，从而指导设计人员抓住主要矛盾，开展稳定性优化设计，开发出满足顾客需求的产品。

如图 3-2 所示，质量屋由以下主要部分构成：

（1）左墙：顾客需求。

（2）右墙：市场评价表。

（3）天花板：技术要求。

（4）房间：关系矩阵。

（5）地板：质量规格。

（6）地下室：技术评价表。

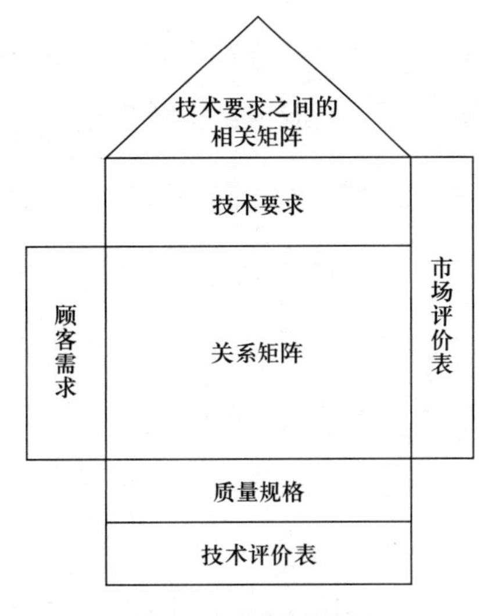

图 3-2　质量屋模型

（7）屋顶：技术要求之间的相关矩阵。

此外，还有一些其他必不可少的部分，如各项需求对顾客的重要度、技术要求的满意度方向、技术重要度等。

3.1.3 服务设计与质量控制

1. 服务的含义及其特点

服务是指为顾客提供的一种便利。服务可以看作特殊的产品，它由服务系统提供，该系统包括服务所需要的设施、人员、技术和流程等。

服务包是指包括用于服务的硬件、辅助物品、显性服务和隐性服务在内的统一体。

与产品相比，服务具有以下四个特点：

（1）服务是无形的。产品是有形的、可以触摸的，服务则是无形的、无法触摸的，如态度、气氛等。

（2）服务需求具有不确定性。例如，我们很难预知第二天有多少人将光顾某服装专卖店。

（3）服务无法储存。一般情况下，接受服务与提供服务是同时进行的，这是服务与产品的最大不同之处。例如，培训、就诊、美容美发等。

（4）服务过程具有可视性。服务过程通常是可见的。为了博得顾客的满意，即使某些可以在后台进行的服务过程，也倾向于展示给顾客。例如，餐厅的厨师在顾客面前展示食物烹饪过程。

2. 服务设计的一般方法

（1）服务流水线。制造系统因采用流水线生产方式而使制造成本大为降低，在服务业，也可以采用分工使工具和设备专业化的方式来建立类似的流水线，即服务流水线。

服务流水线必须坚持四个原则：充分授权、劳动分工、用技术代替人力、服务标准化。

（2）把顾客作为服务主体。在服务过程中，不应把顾客当作被动的服务对象，应把顾客当作服务主体，即尽可能地提高顾客参与服务系统的程度。

（3）预约与预订。由于顾客到达服务系统的随机性导致服务能力难以与顾客需求完全匹配，因此，常需要采用预约或预订的方法，以减少顾客的等待时间。

3. 服务质量控制

为确保向顾客提供更好的服务，需要对整体服务质量进行控制。为此，可在绘制服务蓝图的基础上，用图表形式表明整个服务过程中最容易出现的差错并给出预防措施，这些容易出现差错的地方通常被称为质量控制点。为最大限度地提高顾客的满意度，可采用防差错设计来避免这些差错的发生。防差错设计是一种用途非常广泛的技术，如自动柜员机提醒顾客取卡的声光信号装置、防止接入错误的特殊 USB 接口、机场登记处自助式测量行李尺寸的设施等。

案例剖析

【案例一】

顺应游客旅游新需要，开辟旅游发展新模式

2022 年 2 月 16 日至 3 月 31 日，河南省 226 家景区首次推出门票免费活动。而令人惊喜的是，在门票免费后，许多景区收入不降反升。目前，旅游景区正在探索摆脱门票经济的方法，大力发展演艺、文创等多种二次消费产品，满足游客旅游的新需要，开辟旅游发展的新模式。

一直以来，不少景区创收方式主要依赖于门票收入，始终保持着较高的门票价格。但过高的门票价格加重了游客的旅游负担，在一定程度上影响人们的出游意愿。

近年来，游客的旅游理念在不断转变，很多游客已经不再满足于到景区纯观光、纯打卡，而是倾向于综合体验、深度体验。景区顺应游客旅游的新需求，及时转变营销理念，在门票上做减法，在综合旅游效益上做加法，不断开发旅游二次消费产品，丰富游客的消费选择，提升游客的旅游质量和体验，提高对游客的吸引力，促进游客的多元消费。

景区在门票免费后实现收入不降反升的积极效应，让我们看到了旅游市场从门票经济的旧赛道切换到提升游客多元消费新赛道的市场前景。近年来，国家发

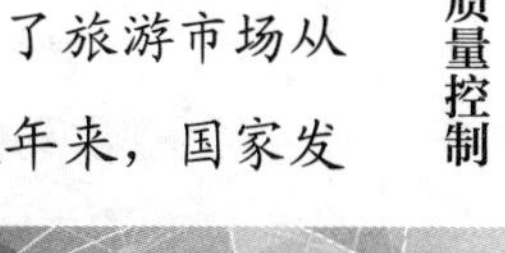

展改革委已经主导了多轮景区门票降价行动，各地景区在破除门票依赖上拿出了更大的诚意，迈出更大步伐，多元开发旅游产品，保障旅游服务质量，大大提升了游客的旅游体验。

【案例二】

满足一站式置家需求，拓展新业务增长点

《2021家居生活及消费趋势报告》显示，受新冠肺炎疫情影响，消费者的居家心态、对家居空间布置的需求等产生了许多变化，如对空间舒适度的要求、居家办公的空间需求等。

美克家居响应人们对家居生活的新期待，围绕客户需求，在北京市朝阳门外大街开设了新零售艺术空间—美克洞学馆，展馆将生活方式与环境联系起来，满足了不同人群对空间的个性化追求。自2021年3月开馆以来，累计超过22万人次到美克洞学馆“打卡”，1.5万人成了美克美家线上商城新用户。美克洞学馆不仅成为“网红打卡地”，也成为美克家居抵抗疫情冲击的增长点。

对于家居行业的消费者来说，看得见、摸得着的体验，是决定消费者是否买单的关键。美克洞学馆是新零售的一次成功试验，美克洞学馆重视客户体验，重新定义“人、货、场”，将线下体验推向了新高度。

除此之外，美克家居还致力于提升客户体验。每个人心目中都有对理想之家的憧憬和期待，但打造一个理想之家却并不轻松。美克家居通过全案固装、软装搭配设计能力、产品能力、供应能力以及服务能力等进行全案赋能，无论是首次置业，还是改善住房环境，客户在这里都能享受到一站式置家服务。

通过技术创新和智造卓越品质，美克家居先后获得国家工信部“家居用品制造智能车间试点示范”项目、中国“互联网+”在工业应用领域十大新锐案例、“全国家具行业质量领先企业”等质量奖项。

思考题

1. 阅读案例一，思考为什么推行门票免费后，景区收入不降反升。

2. 阅读案例二，思考美克洞学馆如何逆袭成为美克家居抵抗疫情冲击的增长点。

3. 结合以上两个案例，谈一谈服务设计质量控制对企业的意义。

即学即用

1. 什么是产品设计质量管理？企业为什么要实施产品设计质量管理？

2. 企业该如何推动产品设计质量管理？

3. 企业质量功能展开的步骤有哪些？

4. 什么是质量屋，它能给设计人员提供哪些帮助？

学无止境

故障树分析法

故障树分析法是通过绘制故障树，分析产品生产过程中发生质量问题的直接原因，并提出有效预防措施的研究方法。故障树分析法是将产品的质量可靠性作为分析的目标，逐步找出直接导致不可靠的全部因素。故障树的具体绘制流程如下：

1. 熟悉产品质量标准

品管部要详细了解规定的产品质量标准以及各种参数。

2. 收集历史资料

收集历来发生质量问题的档案，进行事故统计，汇总产品质量可能发生的问题。

3. 确定顶上事件

确定产品质量发生的顶上事件，即质量问题分析的主体和目标。

4. 确定目标值

根据经验教训和事故档案，经统计分析后，求解质量问题发生的概率，以此作为要控制的事故目标值。

5. 调查事件原因

通过原材料生产厂家提供的材料质量，调查与质量问题有关的各种因素。

6. 绘制故障树

从产品质量的直观表现开始，逐级找出直接导致问题出现的事件，直至找出导致质量问题的所有因素，并按照逻辑关系，绘制故障树。故障树示意图如图 3–3 所示。

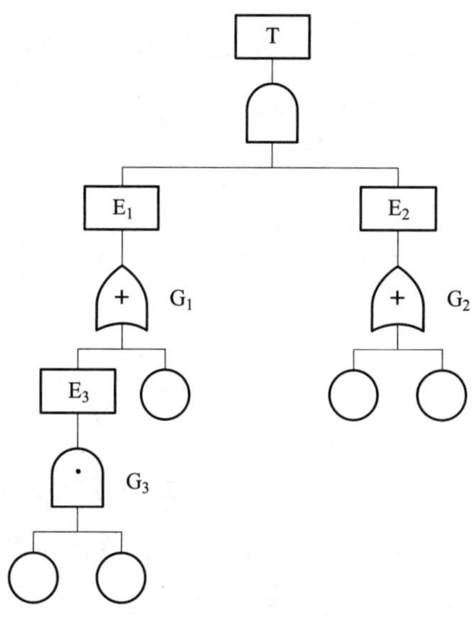

图 3–3　故障树示意图

3.2　生产过程质量控制

学习目标

1. 了解生产过程质量控制的含义和职能。
2. 对生产技术准备阶段中的工艺准备质量管理和采购质量管理有初步的了解。
3. 对生产过程中的工序质量控制、统计质量控制、设备质量控制、包装质量控制和外协加工产品的质量控制有大致的了解。

一目了然

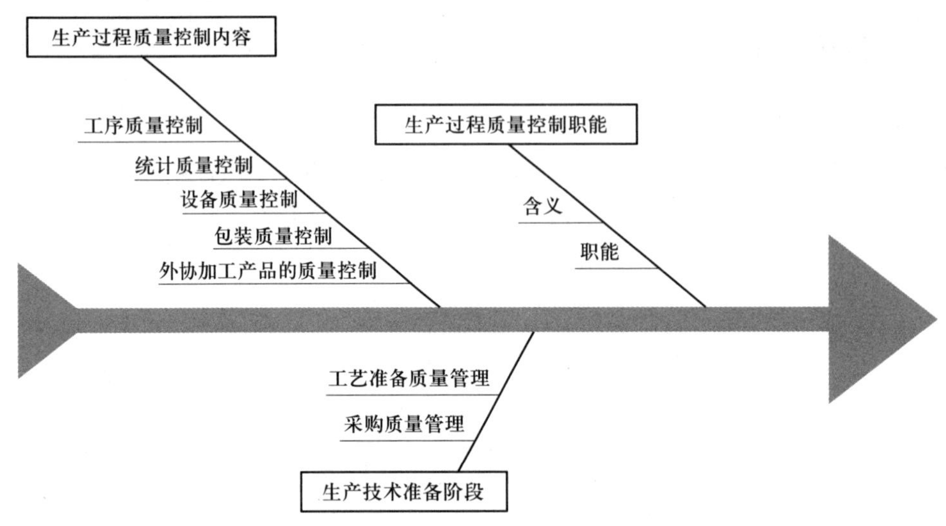

开卷有益

海尔冰箱的可靠性试验内容丰富，其中有一项试验内容就是自由落体试验。将包装好的海尔冰箱提升到 76 cm 的高度，使其瞬间坠落，然后至少从 6 个角度重复 10 次跌落试验，如冰箱通过全部试验后，没有损坏，则意味着通过该环节测试，产品可以下线，否则需要重新设计，直到通过检测为止。除此之外，还有模拟搬运试验、开关门寿命试验、模拟震动试验以及挤压受力试验等，甚至还会在非常苛刻的条件下对冰箱进行长达 3 个月之久的“折磨”，目的是使冰箱的性能更可靠，使用寿命更持久，满足各种运输及使用环境的要求。

目前，技术标准建设在我国家电行业越来越得到重视。凭着“技术自律”，海尔冰箱不仅填补了国家标准的空缺，还因此推动了中国冰箱行业标准的升级。据了解，海尔冰箱的可靠性试验标准已得到中国家用电器标准化技术委员会的授权，这是继“家用冰箱保鲜标准”后海尔又一次主导制定的行业标准。

产品质量不是靠质检员检验出来的，而是与每个员工都息息相关。产品质量的提高需要全体员工的共同努力、共同参与。加强每一道工序的生产过程控制，通过层层把关，减少不合格品的产生，从而提高产品质量，减少过程浪费，提升产品在市场中的竞争力。

3.2.1 生产过程质量控制职能

1. 生产过程质量控制的含义

生产过程质量控制是指对产品从物料投入生产到最终包装过程的品质控制，通过监督质量形成过程，消除质量环节上各阶段引起不合格或不满意效果的因素而采用的各种质量控制技术和活动，保证产品质量自始至终不会出现异常。

2. 生产过程质量控制的职能

（1）规范质量控制工作，为产品质量问题的处理提供解决方案。

（2）加强日常的质量检查力度，提高全体员工对质量的重视度。

（3）加强质量纠纷、质量责任仲裁工作。对于主观原因造成的质量问题，进行质量责任认定，确保产品质量可追溯，并进行严格处理。

（4）加强生产过程的质量控制，从原材料的采购、设备的投入使用到整个产品的生产，确保产品的质量。

（5）合理运用各种质量控制方法、手段，对各工序进行检查，确保生产始终处于受控状态。

3.2.2 生产技术准备阶段

生产技术准备阶段是生产过程质量管理的第一阶段。它是企业为了保证日常生产的正常进行，为顺利实现生产作业计划所从事的各项准备工作。

1. 工艺准备质量管理

根据产品的设计要求和生产规模，选择适当的工艺技术和管理方法，将材料、设备、工装、操作工艺、测量技术、劳动力和生产设施等资源系统、合理地组织起来，形成一整套用于指导操作和控制的工艺文件，确保产品的制造质量符合设计规格。

（1）工艺方案编制

1）资料收集。收集技术文件、相关产品质量标准和企业生产条件等资料，为产品工艺分析、审查、编制工艺方案做准备。

2）工艺分析、审查。召开工艺评审会，定性、定量地分析与评价工艺性指标，对不切实际的工艺提出调整意见，并编写产品工艺性审查记录表。

3）编制工艺方案。根据企业自身生产条件，确定生产作业实施原则及作业方式，形成工艺方案，报质量管理部审核、总经理办公会审批。

（2）工艺设计

1）成立项目小组。工艺技术部根据工艺方案成立项目小组，并任命项目工程师担任小组组长。

2）工艺设计。工艺设计是制造产品质量的基础。在产品的工艺设计过程中，要考虑工艺方案及产品的特点、原料性能、生产要求等因素。对于比较复杂的产品，工艺技术部必须提供多个方案，并组织相关人员进行评审，将评审结果记录在设计开发评审报告中，经过比较论证后确定优选方案。

3）编制工艺文件（草案）。工艺技术部负责编制工艺文件（草案），主要包括开料表、部件图、排料方案、物料清单、拆装图、包装清单和包装图等作业指导书。工艺技术部将工艺文件（草案）提交质量管理部审核，以确认工艺设计是否达到产品的质量标准。工艺文件（草案）经总经理办公会审批通过后，方可实施。

（3）工艺设计验证

1）组织工艺设计验证。质量管理部、工艺技术部会同协作厂商对加工内容及技术要求进行评审，以保证协作厂商掌握产品的质量要求，对可能存在的问题加以预防。

2）样品试制。生产部试制车间根据新产品试制通知书、生产计划、产品图样的要求进行样品生产，及时组织完成样品的生产、装配、报检，确保所需样品的质量符合图样要求。在样品制作完毕后填写样品试制信息反馈表，尤其要做好异常信息的记录。

3）小批量试制。样品经验证通过后，工艺技术部将试产资料连同工艺装备移交相关厂部，进行小批量试制。在试生产阶段，质量管理部对工艺、工艺装备进行验证，对试生产的产品进行检验，并出具相应的质量报告。

（4）工艺设计确认

1）工艺确认。在试生产完成、进行产品确认时，试生产项目负责人必须提供产品图样、工艺资料和其他资料。质量管理部对试生产的产品进行质量确认，工艺技术部会同相关部门对产品的相关项目进行确认。

2）形成工艺文件。设计确认完成后，工艺技术部依据测试报告、试产情况、产品投产确认书和顾客需求等相关要求，编制正式的工艺文件。

工艺准备质量管理流程是保证产品质量的必要手段，具体流程结构设计如图 3-4 所示。

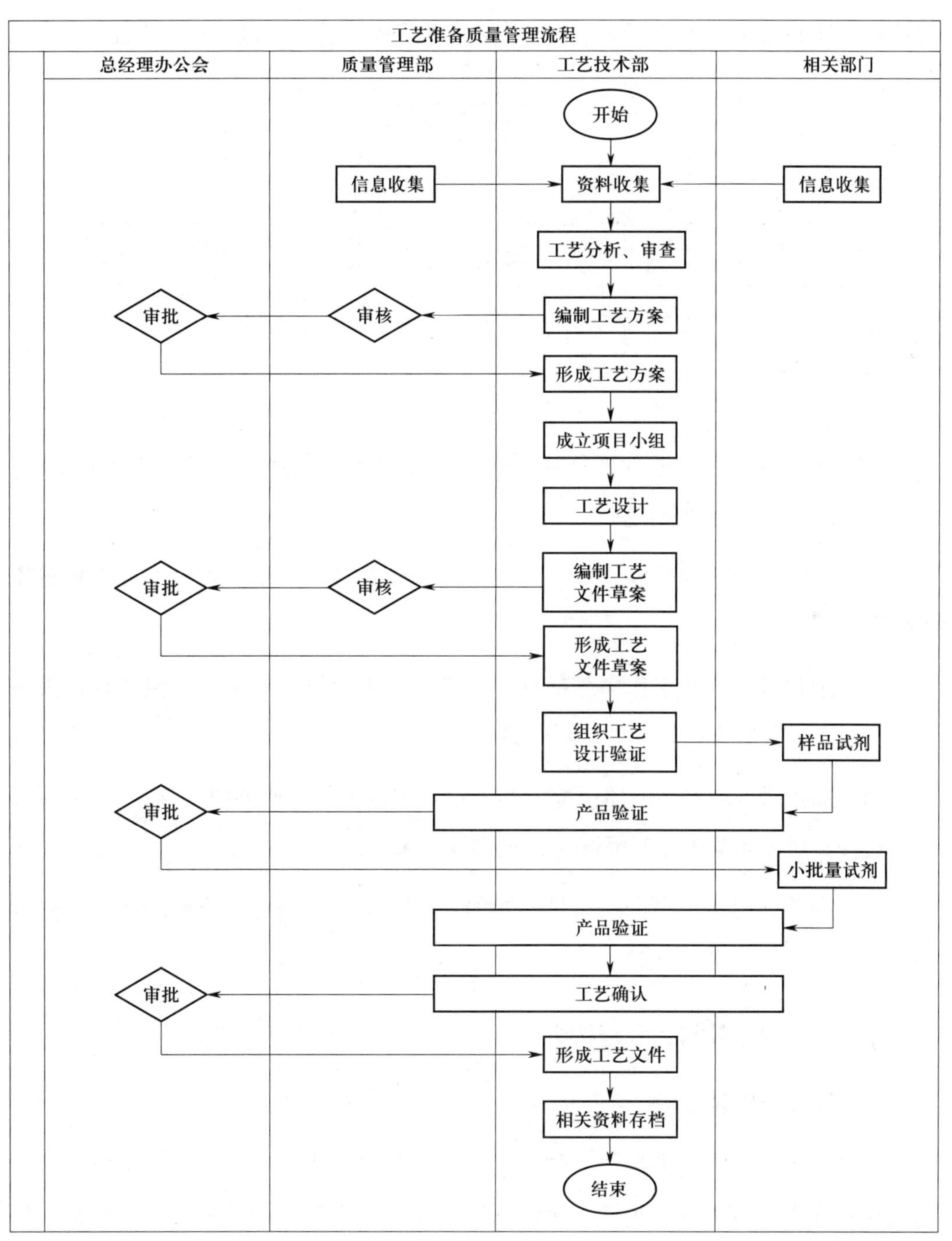

图 3-4　工艺准备质量管理流程

2. 采购质量管理

采购质量管理是企业控制不良物料或零部件进入生产环节的有效手段，也是提高产品质量的前提。

企业设计采购质量管理流程是保证进料、外协采购质量的必要手段，具体流程结构设计如图 3-5 所示。设计采购质量管理流程的目的有以下几个方面：

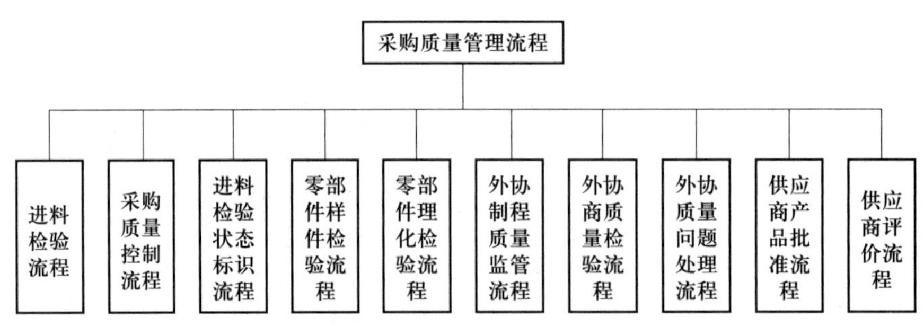

图 3-5　采购质量管理流程

（1）规范供应商认证管理及其评价考核工作，保证供应商提供合格的物料，促进供应商持续改进质量。

（2）加强企业进料检验工作，严格控制入库物料的质量，避免不合格物料流入生产环节。

（3）细化进料检验工作中零部件样件检验、理化检验等工作，保证企业采用科学、有效的检验方法对产品进行检验。

（4）加强对外协产品的质量检验和外协生产的监管，使外协产品在生产准备、生产过程、成品运输等环节都符合企业质量要求。

（5）完善外协过程中产品质量问题的处理办法，确保出现质量问题时，能得到有效解决。

3.2.3　生产过程质量控制

1. 工序质量控制

工序是指生产制造某种产品的特定步骤，是组成生产工艺的基本单位。工序质量控制能够有效地控制生产现场的各项工序，使得各项工序始终处于稳定的状态，确保生产产品的质量，预防不合格品的产生。

（1）影响工序质量的因素及应对措施

1）作业人员因素。企业开展岗位技术培训，使作业人员熟悉并严格遵守操作流程，加强员工质量意识教育，并建立质量责任制。

2）机器设备因素。采用首件检验，核实工艺装备定位安装的准确性，加强设备维护保养，建立设备日常点检制度。

3）加工材料因素。加强材料的检验，提高材料的精度，合理安排材料加工工序。

4）工艺方法因素。绘制工艺流程图，制定正确、合理、先进的工艺方法，优化工艺参数，保持工艺装备精度，保证加工质量。

5）环境因素。根据工序要求选择相适应的环境条件，如生产现场的温度、湿度、震动、噪声、照明、室内净化程度等。

（2）工序质量控制流程

1）质量控制专员根据调查、收集的数据进行分析，为质量控制主管制定工序标准提供依据。

2）质量控制主管根据分析数据及企业的质量方针制定具体的工序质量标准。

3）生产人员按照既有的工序质量标准开展生产活动。

4）质量控制主管根据工序不稳定的原因对异样情况进行控制。

5）质量控制专员根据生产执行情况及质量控制主管对异样原因的分析，提出改进措施。

2. 统计质量控制

统计质量控制是指使用统计方法进行质量控制，这些方法主要包括频率分布的应用、主要趋势和离散的度量、控制图、回归分析、显著性检验等。

（1）统计质量控制管理流程。通过科学的数理统计方法对产品生产全过程进行监测和控制，可以及时调整生产工艺，保证最终产品的质量，提高企业经济效益。在现代化大型生产企业中，统计方法的应用日益显得迫切且重要。统计质量控制管理流程如图 3–6 所示。

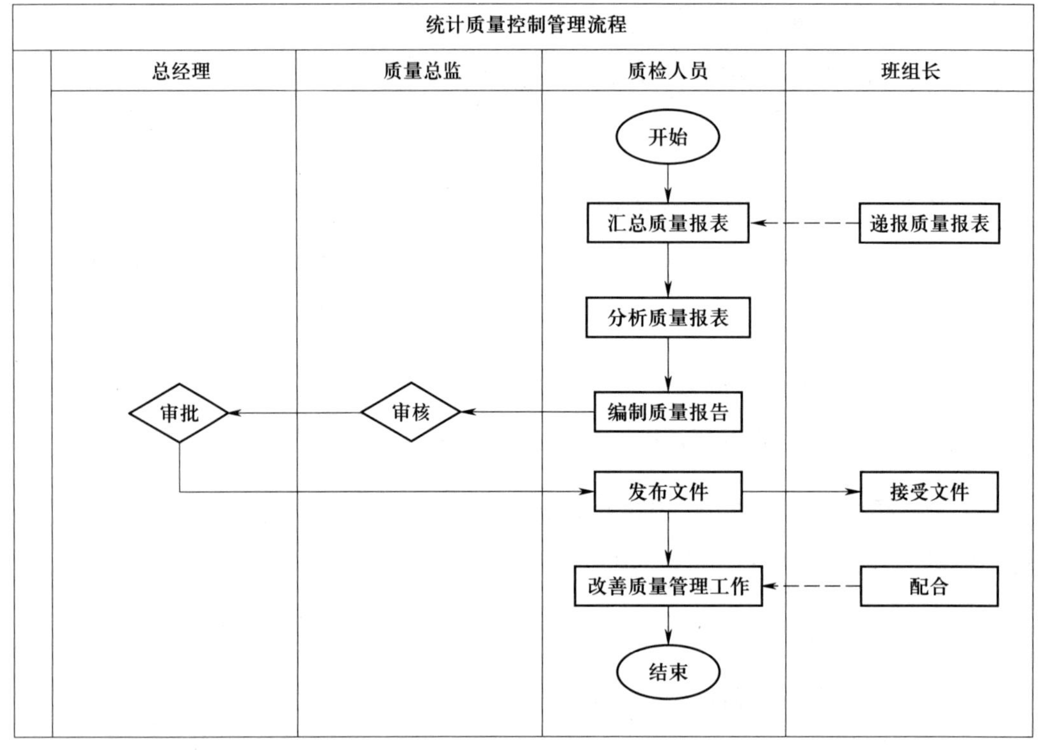

图 3-6　统计质量控制管理流程

（2）SPC 统计过程控制软件。SPC（Statistical Process Control，统计过程控制）软件是以数据为依据的质量分析与改进工具。它利用数理统计原理，通过收集和分析检测资料，从而有效控制生产过程，不断改进产品质量。SPC 软件能为企业分析生产过程中的正常波动与异常波动，及时发现异常情况，以便企业采取措施恢复正常生产，达到降低成本、提高质量的目的。

3. 设备质量控制

设备质量控制是指应定期或不定期地对生产设备进行质量检验，加强设备质量控制工作，确保设备的使用要求，保证生产能够平稳地进行，从而避免生产事故的发生。在进行设备质量控制时，质检人员需对设备的维护、操作、检修进行有效的质量控制。

（1）设备维护控制。进行设备维护控制工作时，应按照设备维护方案对设备的结构、性能等进行质量控制，确保操作人员能够安全使用设备。各时段设备维护质量控制的工作要点见表 3-2。

表 3-2 各时段设备维护质量控制的工作要点

时段	工作要点
班前	● 启动设备前 15 分钟要仔细检查设备，如果连接螺栓松动要及时紧固，同时检查按车间规定需要维护的部位 ● 负荷试机，检查各控制开关是否失灵、有无异常 ● 如发现问题和异常现象，要停机检查，马上处理，超出处理能力范围的，及时报告检修责任者，立即处理
班中	● 严格按设备使用规程的规定，正确使用和操作设备，不允许超负荷使用 ● 设备运转过程中观察是否有异常情况出现，如有，应立即切断电源，进行检查
班后	● 下班前 15 分钟停机，将设备和工作场地擦拭和清扫干净，保持设备内外清洁，无油垢、无污物 ● 认真执行设备交接班制度，每台主要设备都应有"交接班记录本"，如实记录设备信息，交接双方经确认后在"交接班记录本"上签字

（2）设备操作控制。为了确保安全、正确、合理地使用设备，减少故障发生率，操作人员需要熟悉设备使用说明书和设备的一般性能、结构，严格按照使用说明书的规定进行操作。在设备开动前、运转过程中、工作完毕后、日常维护时等，操作人员应做好设备质量控制。

（3）设备检修控制。为了达到生产现场对设备管理的要求，与检验人员应定期或不定期地对设备进行检修，提高设备的完好率，保证生产顺利进行。

设备解体质量控制注意事项如下：

1）做好解体前的各项技术操作，解体后零部件摆放整齐有序，做好明显标记。

2）检查和分析设备技术状况的变化规律，做好原始记录，鉴定以往检修与改进效果。

3）绘制损坏部位加工图，并及时提出自制要求或委托加工要求。

4）针对设备缺陷，调整检修项目，进一步完善检修工作。

5）做好安全措施，将该封闭的设备或部位封闭好，应回收的部件指定专人负责。

设备管理是一个系统的管理，粗放的设备质量管理已经无法满足先进设备的

科学管理要求，要做到动态管理，各项考核指标如设备完好率、设备维护和检定率，要通过月度考核、季度考核等多种方式进行管理。

4. 包装质量控制

班组长在产品入库前应对产品包装质量进行检验，确保产品包装质量。产品的包装质量检验工作主要包括包装设计质量检验、包装材料质量检验以及包装设备质量检验。

（1）包装设计质量检验。包装设计关系到产品加工等各工序质量，在包装设计前，品管部应协同生产部共同建立工序分析制度，制定包装工艺要求，做好包装工序安排，为包装设计提供有益的参考。包装设计质量检验标准如下：

1）了解企业生产的产品用途、销售区域、接触的消费群体。

2）明确本产品包装的主要途径、质量管理和控制的方向与重点。

3）对内包装与外包装进行区分。

4）严格执行工艺分析制度，按论证、审批规定进行科学设计。

5）对包装物的使用过程和方式加以规定，以开展标准化作业。

6）对完成包装的产品储存环境加以保证，明确规定储存条件。

（2）包装材料质量检验。对包装材料的质量进行检验时，应重点检验包装材料的外观与物理性能。

1）外观检验。对包装的外观进行检查时，主要采用目测并用卷尺测量。外观检验的重点是包装箱的规格尺寸、印刷效果、破损度、成型的保准性、箱体方正度、结合部位的牢固程度等。

2）物理性能检验。对包装的物理性能进行检验时，主要采用相应的检验设备，对包装供应商的生产情况进行全程跟踪与监督。定期或不定期地要求包装供应商提供第三方机构对抽检包装材料的检测报告，通过验证的方式与包装供应商的检验标准进行比较。

（3）包装设备质量检验。对包装设备质量进行检验的具体工作内容如下：

1）检验是否对设备进行日常保养与维护，以保证设备的正常运转。

2）设备出现故障时，检验是否及时修理，确保设备处于良好的工作状态。

3）检验是否有针对性地对设备建立预防检修机制，尽量保证设备不出故障。

5. 外协加工产品的质量控制

为了保证外协加工产品的质量，符合车间生产的要求，需对外协加工产品进行有效的质量控制。

（1）外协加工厂的质量控制。质量认定合格后的外协加工厂方可承担企业产品的加工任务。采购部、品管部、生产部等部门需对外协加工厂的质量管理能力进行认定。外协加工厂的质量认定内容如下：

1）外协加工厂的组织结构，主要是组织的规模和质量管理机构的独立自主性。

2）是否通过质量管理体系认证，需提供有效的体系认证证明及相关的体系运行情况记录；是否通过产品质量认证，包括产品的品牌、产品的知名度等。

3）资源配置情况：质量管理（或控制人员）的资质与能力是否匹配，产品质量检测设备的提供与管理是否到位。

4）产品实现过程的质量控制是如何对原材料进行质量控制的，以及生产过程的质量控制。包括产品质量检测的标准和依据、检验能力和检验控制、生产操作人员的技能、生产设备的性能、维护和保养的能力等。

5）质量异常情况的处理，其主要是产品质量不合格的处理方式；质量异常的纠正和预防，针对不良问题采取的控制措施等。

（2）外协产品制程质量控制

1）驻厂监督：企业质量检查人员直接进入外协加工厂的产品生产现场，成立相应的监制小组，编制监制规划，实施产品制造全过程的质量控制。

2）巡回监控：监督管理外协加工厂不断完善质量管理体系，监督检查原材料进场使用的质量控制及工艺过程、半成品的质量控制，复核专职质检人员质量检验的准确性、可靠性。

在外协产品的制造过程中，监制人员要定期或不定期地到制造现场，检查了解产品制造过程的质量状况，发现问题应及时处理。

3）设置质量控制点监控：针对影响产品制造质量的诸多因素，设置质量控制点，做好预控及技术复核，实施制造质量的控制。质量控制点应设置在对产品加工质量有明显影响的特殊或关键工序处，或针对产品的主要和关键部件、加工制造的薄弱环节及易产生质量缺陷的工艺过程。

（3）质量检验。产品的质量检验是一项专业性、技术性较强的工作，需要品管部、技术部、生产部等有关部门参加，具体内容见表3–3。

表3–3　外协产品质量检验的具体工作内容

阶段	步骤	具体工作内容
制订产品检验计划	制定产品检验方案	产品检验前，技术部门编制企业检验技术文件，包括验收方法、质量标准、检验的方案依据，经企业技术总负责人审查批准后实施
	制订质量控制计划	品管部做好质量检验计划，质量检验计划要包括产品检验的程序，检查项目、标准、检验或试验要求，产品合格证等质量控制资料的要求
执行产品检验程序	资料凭证验收	产品进厂前，外协加工厂需提交产品出厂合格证、技术说明书、质量检验证明、有关图样及技术资料
	产品检验	产品进厂后，检验部门进行产品检验，经检验合格后，验收人员签署验收单
	异常处理	如发现外协加工厂提供的质量控制资料有误，或实物与清单不符，或对质量文件资料的正确性有怀疑，或设计文件及验收规程与规定不符，必须复验合格后才可投入使用，应由品管部组织相关人员进行复验
	产品复验	检验部门组织复验，复验合格后才可以验收

资料卡片

对现场质量管理操作者的要求

1. 学习并掌握质量管理的基本知识，了解现场与工序所用数据记录表、控制图及其他控制手段的用法及作用，掌握计算数据。

2. 清楚地掌握所操作工序管理点的质量要求。

3. 熟记操作规程和检验规程，严格按操作规程（作业指导书）和检验规程（工序质量管理点表）的规定进行操作和检验，做到以现场操作质量来保证产品质量。

4. 掌握所操作工序管理点的支配性工序要素，对纳入操作规程的支配性工序要素认真贯彻执行，对由其他部门或人员负责管理的支配性工序要素进行监督。

5. 积极开展自检活动，认真贯彻执行自检责任制和工序管理点管理制度。

6. 牢固树立“下道工序也是用户”“用户第一”的思想，定期访问用户，采纳用户提出的正确意见，不断提高本工序质量。

7. 填好数据记录表、控制图和操作记录，按规定时间抽样检验、记录数据，保持图、表和记录的整洁、清楚、准确，不弄虚作假。

8. 在现场发现工序质量有异常波动，应立即分析原因并采取措施。

案例剖析

【案例一】

凭质量赢得世界肉类行业话语权

2022 年 5 月，喜旺集团参与制定的两项国际标准经批准正式发布，标志着中国企业在国际标准制定方面夺得话语权，继续走在行业前列，引领行业科技创新和高质量发展。

多年来，喜旺肉制品已成为百姓餐桌上的“常客”。来到喜旺工业园检测中心，检测中心的张建梅主任介绍，“这台机器是用来检测瘦肉精和兽药残留，检测精度非常高，对瘦肉精的检测精度能够达到 0.1 μg/kg。”机器 24 小时运转，每一批肉都需要经过机器的检测，只有合格的肉才能够被使用。

在卫生方面，车间坚持在每次清扫前清走所有原料，只留下设备，工作人员对设备进行仔细擦拭，每一次的清扫都是为了下一班次生产出卫生安全的产品。

自 1996 年成立至今，喜旺逐渐成长为集生产、研发、销售于一体的现代化企业集团，用品质打开世界市场，向世界讲述中国故事。

【案例二】

宇航服的制作

一套合格的宇航服究竟有多重要？宇航服是如何制作出来的？让我们一起揭秘宇航服的生产过程。

宇航服的研发得考虑诸多因素，一方面来自外太空环境的影响，另一方面还要考虑宇航员的活动和任务内容。例如在微重力环境下，从一个点移动到另一个点，这需要肩部、手臂等的机动性，因此需要保证最大化的高机动性、灵活度和触感。

宇航服的每个零部件都需独立进行制作。除此之外，所有生产环节和制作流程都有对应的质量控制测试，每个零部件都必须严格按照标准制造。

中国宇航服随着神舟飞船工程更新迭代了多次，研发设计宇航服需要工程测量、化工业、高分子材料等技术支持。

思考题

1. 结合案例一，思考喜旺肉制品是如何通过加强生产过程质量控制，凭质量赢得世界肉类行业话语权。

2. 结合案例二，谈谈宇航服的生产过程质量控制需要注意哪些细节。

3. 结合以上两个案例，谈一谈生产过程质量管理对产品质量的意义包括哪些。

即学即用

1. 什么是生产制造过程质量控制?

2. 作为质量管理人员，如何进行工艺准备质量管理?

3. 如何进行有效的工序质量控制？

4. 设备维护人员的工作要点有哪些？

5. 企业如何对外协加工产品的质量进行有效控制？

学无止境

工序质量起支配作用的因素

在任何工业产品制造过程中，都存在着影响最终产品质量（质量参数）变化的因素，这些因素并非同等重要，体现了帕累托原则，即有极其重要的少数和无关紧要的多数。往往是其中某个因素对产品质量起决定性作用，而处于“支配”

的地位。也就是说，它比其他一切影响因素加在一起还重要，控制了它，质量就有了保证。

在制造过程中，一般起支配作用的形式有以下几种：

（1）装置定位起支配作用。装置定位产品质量起支配作用的工序很多，如冲压、塑压、压铸、印刷等。只要装置定位正确，这类工序就能保证产品精度一致性。因而更换装置时要认真地进行验证，直到工序能力确实能达到要求时，才可正式投入生产。

为保证这类工序的质量，必须有指导装置定位中心找正的文件，并要有能测得装置定位是否确实在中心的测量仪器，以及能精确地调整定位的手段。

（2）机器起支配作用。靠机器设备的作用保证制品质量的工序很多，如自动切割、机器打桩等。由于机器设备将随时间的推移而产生磨损、升温等变化，所以致使工序质量特性值也发生变化，甚至发生变化的程度较大而产生不合格品。因此，对机器设备必须定期检查和调整。

（3）操作人员起支配作用。在机械和自动程度低的工序中，操作人员起着一定的支配作用，如手工焊接、纺纱和织布等。对于这些工序，操作人员的技能和责任心是保证质量的关键，因而在进行控制时，重点是搞好工人的技术培训并加强考核，提高技术素质，调动积极性。

（4）零部件（包括元器件）起支配作用。对于这类工序，外购零部件（包括元器件）对产品质量起决定性作用，如汽车、手表和电视机装配等。为保证外购件质量，应对供应单位实行调查评级和认定，并加强外购件的检验。

（5）时间起支配作用。对于这类工序制品的质量，时间起着决定性作用，如橡胶制品的硫化、机器零件的热处理等。

（6）信息起支配作用。这类工序要根据传送来的信息，决定如何完成工序操作，如炼钢时钢水成分的信息、轧钢时压下量的信息等。

对于有些工序，往往不是单一因素起支配作用，而是几个因素混合起支配作用。对这类工序，要找出支配性的因素往往比较困难。

3.3 服务质量过程控制

学习目标

1. 了解服务质量过程控制的基本概念、分类、评价维度等。

2. 学习顾客满意所包含的基本要素与顾客抱怨的原因及处理。

3. 初步树立顾客满意的理念。

一目了然

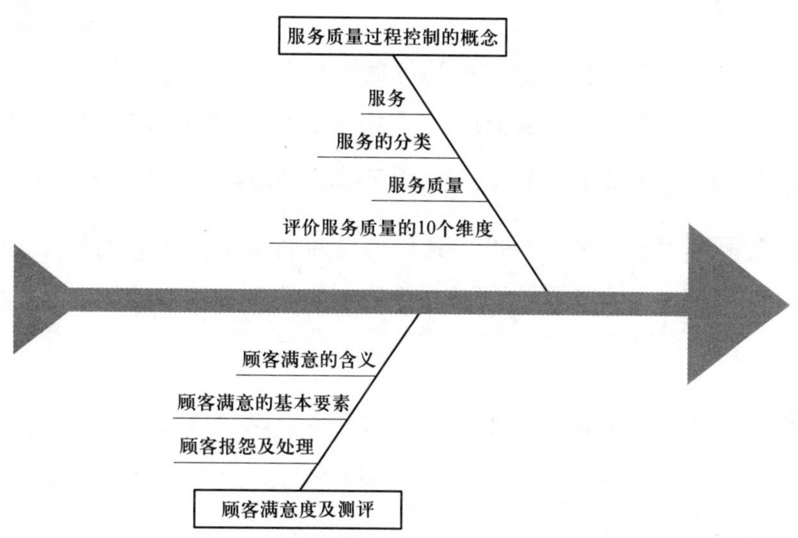

开卷有益

南宁邕城公交公司为提升优质服务管理水平，以提升优质服务管理水平为中心，围绕公交行业特点与公交服务特性，坚持开展星级服务创建活动，积极打造“南宁公交”服务品牌。通过开展星级评定工作，邕城公交公司激励并引导驾驶员做好服务工作，打造公交服务品牌。自开展星级品牌建设以来，标杆示范效应逐步显现，公交运营事故率、投诉率持续下降，优质服务及表扬率大幅提升。邕城公交公司获得2014年至2019年公交企业质量信誉考核“六连冠”，涌现出一大批优质线路和先进典型。

良好的服务不仅能够赢得新客户，也能防止老客户的流失。加强服务质量过程控制，有利于提高客户的复购率，巩固顾客对品牌的忠诚度，推动企业经济效益的提高。

3.3.1　服务质量过程控制的概念

1. 服务

服务通常是无形的，是至少有一项活动必须是在组织和顾客之间进行的输出，可能涉及的内容包括：有形产品的输出、无形产品的输出、无形产品的交付、为顾客创造氛围。

2. 服务的分类

（1）根据服务的对象特征分类。其包括经销服务，如运输和仓储、批发和零售贸易等服务；生产者服务，如银行、财务、通信、工程建筑等服务；社会服务，如医疗、教育、邮政等服务；个人服务，如家政、修理、美容美发等服务。

（2）根据服务存在的形式分类。其包括以商品形式存在的服务，对商品实物具有补充功能的服务，对商品实物具有代替功能的服务，与其他商品不发生联系的服务。

（3）根据服务企业的性质分类。其包括基本上以设备提供为主，基本上以提供服务为主。

3. 服务质量

服务质量是指顾客对服务生产过程、服务的效用感知认同度的大小及对其需求满足程度的综合表现。其特性主要有服务产品无形性、服务产品非贮存性、提供与交付同时性、服务产品及对象差异性。

企业只有千方百计在服务上下功夫，才能在竞争中脱颖而出。这里的“服务”不仅包括制造业中所提供的各种服务，而且还包括服务业所提供的服务。早在1991年，ISO/TC 176就制定了世界上第一套关于服务业质量管理和质量体系的国际标准—《质量管理和质量体系要素　第2部分：服务指南》(ISO 9004-2)，为了适应企业不断发展的需要，ISO 仍继续对上述标准进行更加科学、合理的修订。

总的来说，提高服务质量具有以下几个方面的意义：

（1）加强服务过程的质量管理有利于增强服务性企业的竞争力。

（2）加强服务过程的质量管理是防止服务差错、提高顾客感觉中的整体服务质量的有力举措。

（3）加强服务过程的质量管理有助于树立企业良好的市场形象，增强顾客“认牌”购买的心理倾向。

4. 评价服务质量的 10 个维度

（1）接近性：易于请求和联系。

（2）沟通性：以消费者听得懂的语言与之交谈，乐意倾听消费者的话。

（3）胜任性：具有执行服务所需的技能和知识。

（4）礼貌性：服务人员的礼仪、尊重、体贴和友善程度。

（5）信赖性：信赖感、诚实性以及可信度。

（6）可靠性：绩效和可信度的一致性。

（7）反应性：员工提供服务的意愿或敏捷度。

（8）安全性：免于危险、风险和疑虑。

（9）有形性：提供服务时的实体器材和人员。

（10）了解性：全心全意了解消费者的需求。

3.3.2 顾客满意度及测评

1. 顾客满意的含义

顾客满意是指顾客对其要求已被满足程度的感受。可从以下几方面理解这一概念。

（1）顾客抱怨、投诉等是一种满意程度低的最常见的表达方式，但没有抱怨并不一定代表顾客很满意。

（2）即使规定的顾客需求符合顾客的愿望并得到满足，也不一定确保顾客很满意。

（3）顾客忠诚度提高则是顾客满意或很满意的表现形式。

（4）可把顾客满意的程度分为不满意、满意和很满意三个层次。质量管理的目标是达到顾客满意，并争取达到顾客很满意。这是“以顾客为关注焦点”原则的集中体现。

（5）顾客满意是顾客的一种主观感受，是顾客期望与实际感受之间对应程度的反映，具有相对性，会随着时间、地点和其他条件的改变而改变。

（6）应当用适当的方法和指标将顾客的主观感受客观地、量化地体现出来，即采用科学的方法测评顾客满意度。

2. 顾客满意的基本要素

（1）理念满意。理念满意是顾客满意的基本条件。它体现了组织的核心价值观，并使其得到企业内部、外部的认同，直至顾客满意。组织的理念包括：企业精神、经营宗旨、质量方针和目标、组织文化、价值取向、道德规范、发展战略等，可以从这些理念来判断组织是否真的把顾客放在应有的位置上。

（2）行为满意。行为是理念的具体体现，理念再好，如不能通过行为去兑现，只能是空洞的口号，因此，行为满意是顾客满意战略的核心。为此，必须建立以顾客需求为导向的行为准则和运行系统，并要求全体员工认同和遵守，在每位员工的行为上得到体现。

（3）视听满意。视听满意是顾客快速认识、认知和认同组织的一个重要途径，在市场竞争中可以起到“先入为主”的重要作用。视听满意必须合理策划，使其具有四个特征，即强烈的个性、丰富的美感、鲜明的主题、时代的特征。

3. 顾客抱怨及处理

顾客没有抱怨并不一定表明顾客很满意，但如果顾客抱怨、投诉，则一定表明顾客很不满意。对于顾客抱怨，应先分析其原因，然后再处理。

（1）顾客抱怨的原因分析。其主要有以下 3 个方面的原因：产品功能远没有达到预期效果、服务水平低下、因使用产品导致人身或财产受到损失。

（2）顾客抱怨的处理。其主要方法：承认顾客抱怨的事实，并表示同情和歉意；感谢顾客的批评指正；快速采取行动，补偿顾客损失；评估补偿顾客抱怨的具体措施的实施效果。

顾客投诉的“冰山”模型如图 3-7 所示。

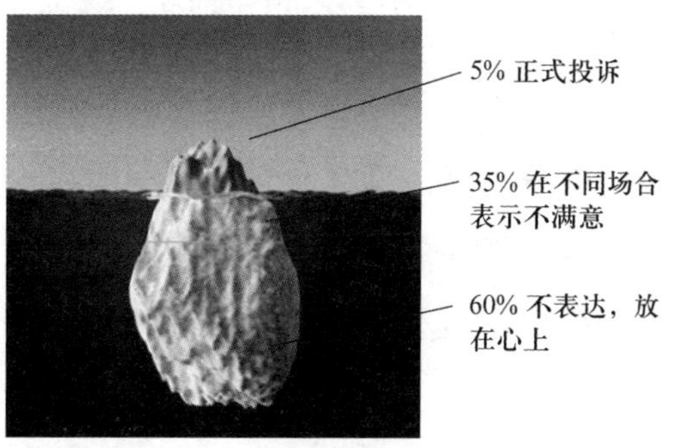

图 3-7　顾客投诉的“冰山”模型

从图中可以看出：只有 5% 的顾客投诉；35% 的顾客在不同场合表示不满意，例如，有人议论这个产品质量时，这些人才表示不满意；60% 的顾客不表达，只是放在心上。可见，顾客满意度调查需要深入了解，才能实实在在地了解到大多数顾客的真实意见，为产品的改进找到切入口。

资料卡片

KANO 模型介绍

1984 年，针对质量特性与顾客满意之间的关系，日本东京理科大学的狩野纪昭博士提出了 KANO 模型。KANO 模型主要是用于顾客需求分类和优先排序的工具，通过分析顾客对产品功能的满意程度，对产品的功能进行升级，从而确定产品完善过程的优先级。KANO 模型体现了产品性能和顾客满意度之间的非线性关系，如图 3-8 所示。

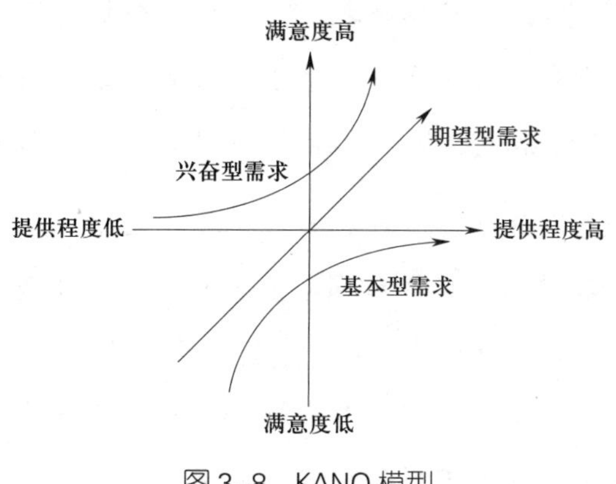

图 3-8　KANO 模型

根据质量特性提供的充分程度，对顾客感受的影响，KANO 模型把顾客需求分为 3 类，即基本型需求、期望型需求和兴奋型需求。

1. 基本型需求

基本型需求是指即使充分提供，顾客满意度不会明显提升，顾客不会感到特别的兴奋和满意。但不提供此类需求时，会引起顾客强烈不满，顾客满意度会大幅降低。这类需求是核心需求，是必须被保障的基础需求。

2. 期望型需求

期望型需求是指如果不充分提供，会使顾客产生不满，顾客满意度会降低。当提供此类需求时，顾客满意度会提升。它是处于成长期的需求，是顾客、竞争对手和企业自身都关注的需求，也是体现市场竞争能力的需求。该类需求应是被优先考虑提升和改进的需求。

3. 兴奋型需求

兴奋型需求是指如果充分提供会使顾客惊喜、愉悦，满意度会有很大的提升。若不提供此类需求，顾客满意度不会降低。在其他条件相同的情况下，能满足兴奋型需求的产品或服务，可以增进顾客满意度，进而实现顾客忠诚，从而提升产品或服务的市场竞争能力。

案例剖析

【案例一】

长安汽车践行“以客户为中心”

企业在市场竞争中要想立于不败之地，需要不断提升服务水平，提高顾客满意度。近年来，长安汽车以直达客户、直击痛点为基础，深入了解、洞悉客户需求，建立了《长安汽车经销商运营管理标准手册》，对客户满意度进行管理。

客户服务满意度是测评服务质量的有效手段。长安汽车坚持内部调查法与外部调查法相结合，了解客户对品牌和服务的认可度。内部调查法是由客户服务部门通过质量跟踪进行数学加权平均得出，发现问题立即改善，具有很强的时效性。外部调查法则是聘请专业调查公司，参考核心销售、服务流程拆分总结出相应细化的问题，以电话访谈、问卷调查等形式访问客户，获得客户评价，计算出客户对经销商的满意度，定期为经销商作出诊断。客户服务部门与相关部门沟通调查结果，分析满意度情况，并制定相应的满意度指标。

在持之有效的客户服务保障措施下，长安汽车销量不断上涨，赢得了市场。

【案例二】

“多 1 ℃微笑”，打造高品质服务体验

深圳全棉时代科技有限公司（以下简称全棉时代）成立于 2009 年。从 2009 年在深圳的 3 家门店，到 2022 年 300 多家门店遍布全国，线下渠道迅速发展，产品线也日渐丰富。

2020 年，全棉时代创新推出“多 1 ℃微笑”品质服务 IP，以真诚的态度，温暖的服务，对待每一位顾客，让顾客拥有舒适、幸福的购物体验。

现代社会的父母更崇尚科学育儿理念，全棉时代紧跟消费者需求的变化，推进高级育婴师培养计划，目前已有 140 名门店员工完成育婴师培养课程，100% 通过专业机构认证，并取得中国商业联合会颁发的证书。门店员工不再是单纯的导购人员，也可以为顾客提供母乳喂养、婴儿抚触等育婴知识和专业技能辅导，助力新手爸妈在育儿道路上顺畅前行。

“多 1 ℃微笑，多 1 ℃温暖”，全棉时代持续以用户体验为中心，不断创新升级服务模式。2021 年 7 月 6 日，由第一财经 CBNData 发起的“Growth50.2021 中国新消费品牌年度增长力榜”揭晓，全棉时代从 400 多个参选品牌中脱颖而出，荣获年度增长力品牌奖项。

思考题

1. 结合案例一，思考长安汽车是如何践行“以客户为中心”的。

2. 结合案例二，思考全棉时代采取了哪些措施来提升顾客服务体验。

3. 结合以上两个案例，谈一谈企业经营管理应如何提高客户满意度。

即学即用

1. 什么是服务及服务质量？

2. 为什么越来越多的企业意识到服务的重要性?

3. 我们通常可以从哪些方面来评价服务质量?

4. 什么是顾客满意?顾客满意包含哪些基本要素?请结合实际情况谈谈你的理解。

学无止境

客户关系管理

客户关系管理（Customer Relationship Management，CRM）是企业利用先进的信息技术与管理方法对顾客进行系统化分析，通过满足甚至超越顾客的需求，增加顾客满意度，进而实现更多利润的管理信息系统。它是一种先进的顾客管理模式。

要想成功地实施 CRM，必须有强大的技术和工具支持，构建一个集成系统。CRM 系统基于网络通信、计算机等信息技术，能实现内外部及内部各职能部门之间的无缝连接，协助管理者更好地完成 CRM 的基本任务。CRM 主要有以下功能。

1. 客户与联系人管理。主要功能有客户与联系人的创建，客户与联系人相关信息记载与管理。

2. 潜在客户管理。主要功能有业务线索的记录、升级和分配，销售机会的升级和分配，潜在客户的跟踪。

3. 时间管理。主要功能有日历、约会、会议、电话、电子邮件、传真、备忘录、任务表等的记载与管理，活动与事件的计划和安排。

4. 销售管理。主要功能有业务描述、客户与联系人、销售时段、业务额等在内的销售信息的录入、维护与查询，包括销售业务完成情况评估、地域设置或重新划分、销售策略等在内的销售业务报告的生成。

5. 营销管理。主要功能有产品和价格的配置，包括广告、研讨会、展览会等在内的营销活动的信息支持，营销任务管理，营销活动与业务、客户、联系人关联的建立。

6. 客户服务管理。主要功能有服务项目的快速录入，服务项目的安排与调度，事件级别管理，解决方案的数据库管理。

7. 呼叫中心管理。主要功能有呼入呼出电话处理，互联网回应，通过传真、电话、电子邮件、打印机等进行资料的收发，呼入呼出信息统计分析，呼叫中心日常运营管理。

8. 合作伙伴关系管理。主要功能是设置数据库信息的存取权限，对合作伙伴通过互联网来存取和更新客户信息以及销售渠道信息、调用销售管理工具、配置产品和价格作出相应的权限设定。

9. 知识管理。主要功能有交易数据及消费行为在内的客户知识获取，知识数据库的建立，客户忠诚度分析，知识共享。

质量检验控制

4.1 质量检验概述

学习目标

1. 了解质量检验的定义、依据和实施步骤。
2. 了解质量检验机构。

一目了然

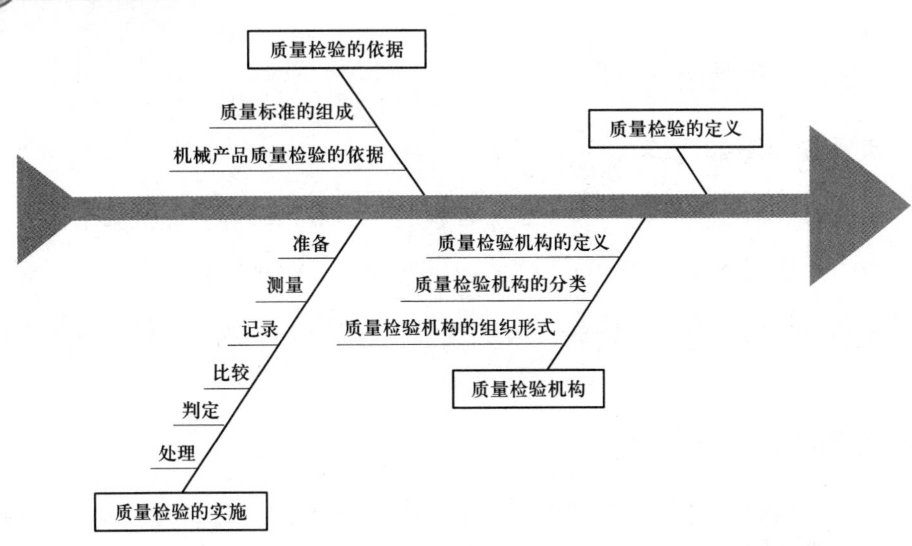

2015年，华为荣获中国质量领域最高政府性荣誉“中国质量奖”。华为严格执行质量管理体系，从产品设计、产品开发到原料采购、产品制造、产品检测，均实行高标准管理。在华为，质量享有最高优先级。华为的可靠性实验室在业内处于领军位置，实验室支持中国和全球主要可靠性标准的测试，配备有滚筒跌落测试设备，按键耐久测试设备，载重测试设备，连接器插拔耐久测试设备，自动功能检测设备，扭曲测试设备，针对触摸屏的钢珠跌落、弹簧锤以及拉拔测试设备等。华为出厂的成品必须经过可靠性实验室的检测，才能送到消费者手中。凭借对品质的高度重视，对创新的不断追求，华为成为名副其实的中国制造先锋。

华为始终坚持“质量优先”战略，严格打磨产品质量，高度重视质量检验环节，将此理念贯穿到产品规划、设计、供应链管控、来料质量把控、硬件研发和创新、软件开发、生产、营销、零售、售后服务等全流程中，真正诠释了什么叫作“视质量为生命”。

4.1.1 质量检验的定义

检验是指通过观察和判定，适当地结合测量、试验所进行的符合性评价。质量检验是指借助某种手段或方法对一个或多个质量特性进行观察、测量、试验，把结果和规定的产品质量标准进行比较，以确定每项质量特性合格情况的技术性检查活动。

4.1.2 质量检验机构

1. 质量检验机构的定义

质量检验机构是指承担产品质量监督检验、仲裁检验等公证检验工作的技术机构或组织。它们依靠自身的技术优势，依照国家法律规定和有关标准，对产品进行检验，出具检验结论，判定产品质量，为消费者、企业、仲裁机构和人民法院服务。

2. 质量检验机构的分类

按照《中华人民共和国产品质量法》的规定，产品质量检验机构分为两类，一类是依法设置的产品质量检验机构，如县级以上人民政府产品质量监督部门依法设置的检验机构。另一类是依法授权的产品质量检验机构，如县级以上人民政府产品质量监督部门依法授权有关行业、企业主管部门设置的检验机构，以及授权有关科研单位、大专院校设置的检验机构等。这些检验机构出具的检验数据都具有法律效力。

3. 质量检验机构的组织形式

（1）A 类检验机构：提供“第三方”服务的检验机构，其公正性最高，满足以下独立性准则。

1）检验机构应独立于所涉及的各方。检验机构和负责实施检验的人员，不应是其检验项目的设计人员、制造商、供应商、安装者、采购者、所有人、用户或维护者，也不应是上述任何一方的授权代表。

2）检验机构及其人员不应从事任何可能违背检验判断的独立性和诚实性的活动，尤其不得直接参与检验项目或类似的竞争性项目的设计、生产、供应、安装、使用或维护。

3）所有相关方都应能获得检验机构服务，不应有不正当的财务或其他条件。检验机构运作的程序应以非歧视的方式进行管理。

（2）B 类检验机构：作为企业中某个从事与被检验项目的设计、生产、供应、安装、使用或维护相关的一部分，并为母体组织提供检验服务的检验机构，满足以下准则。

1）检验人员与承担其他职能的人员应通过组织标识或隶属关系与企业内其他部门明确分开。

2）检验机构及其人员不应从事任何可能违背检验判断的独立性和诚实性的活动。尤其不得直接参与检验项目或类似竞争性项目的设计、生产、供应、安装、使用或维护。

（3）C 类检验机构：参与所检验项目或类似竞争性项目的设计、生产、供应、安装、使用或维护，并能向母体机构以外的企业或组织提供检验服务的机构。它应满足检验机构在企业内应有的相对独立的运行机制。

4.1.3 质量检验的依据

质量标准是质量检验作出判断的主要依据，是质量检验活动的必要基础。质量标准是指对产品的结构、规则、质量、检验方法所做的技术规定。根据《中华人民共和国标准化法》和《中华人民共和国产品质量法》等规定，我国的标准体系由国家标准、行业标准、地方标准和企业标准等构成，同时采用和转化使用国际标准。同一件产品的质量检验结果可能会因不同的质量标准而不同，质量检验过程实际上也是质量标准的执行过程。

应严格按照产品质量检验依据来检验产品的质量，经过检验，特性符合检验依据的产品，则判为合格品；特性不符合检验依据的产品，则判为不合格品。要把好产品质量关，决不让不合格品转入下道工序。

1. 质量标准的组成

（1）技术标准。技术标准中最主要的是产品标准。产品标准是对产品结构和规格等方面的技术规定，是对产品性能、包装以及储运等方面的技术要求，也是产品生产、检验、维护以及质量仲裁的技术依据。

（2）检验标准。检验标准包括检验指导书、检验卡以及验收抽样标准等，它们通常可依据产品类型以及生产过程的复杂程度来制定。

（3）管理标准。管理标准是指以提高工作效率和保证工作质量为目的，对生产经营活动的主要工作程序、操作规则和方法所作的统一规定，管理标准是企业员工必须遵守的准则。

2. 机械产品质量检验的依据

机械产品质量检验的依据通常有下列几个方面：产品图样、工艺文件、与产品质量有关的法律法规、合同和（或）技术协议书、标准样品（样件、色板）、明示担保和质量承诺等。

（1）产品图样。在机械产品制造企业中，产品图样一般包括图纸、验收技术条件。

技术工艺部门根据图纸、验收技术条件编制产品检验验收（复验）规范或检验工艺规程。有些检验部门再依据图纸和验收（复验）规范编制检验作业指导书或检验工艺规程（卡片）。

产品图样是“工程语言”，是产品的设计思想、技术要求的主要载体，产品的许多质量要求，技术标准的许多内容均反映在产品图样上。产品图样是产品质量检验的主要依据之一。因此，每名检验员必须会看所检验产品的图样，并深刻领会图上（文件中）的每一项质量要求，以便于针对要求，采取相应的检验方法实施检验。

（2）工艺文件。工艺文件也是产品质量检验的主要依据之一。工艺是使各种原材料、半成品变成产品的方法和过程；文件可以理解为记录信息的各种媒体。工艺文件是对工艺过程的描述，它是一种规范性文件。

工艺文件包括工艺路线、产品制造工艺规程等。有些工艺文件中包括了检验的内容（生产人员自检和检验部门的专检）、交验 / 抽验方案等。

（3）与产品质量有关的法律法规。为了加强对产品质量的监督管理，明确产品质量责任，保护国家、组织和消费者的合法权益，以及引导组织不断提高产品质量，规范市场，到目前为止，以《中华人民共和国产品质量法》为基本法，辅以其他配套法律、产品特殊立法等，我国形成了产品质量法律体系，为产品质量检验工作提供了丰富且有力的依据。

（4）合同和（或）技术协议书。在订货合同和技术协议中检验依据要十分明确，而且可操作性要强。在 GB/T 19001—2016 版质量管理管理体系要求中，强调了对外包的控制要求，确保外部提供的过程保持在其质量管理体系的控制之中。同时提到组织应与外部供方沟通批准以下要求：产品和服务；方法、过程和设备；产品和服务的放行。

1）合同。合同中对质量要求的条款是产品质量检验的依据，具有法律效力，务必认真对待。

质量检验机构应参与合同评审，从中了解合同对产品质量和检验的要求，审查合同中不明确的质量要求和检验依据及检验方法条款，防止在执行中实现不了合同对质量的要求而违约，带来不必要的损失。

2）技术协议。它是供需双方对开发产品的工艺水平、结构性能、适用的法规等的要求而编制的文件，为合同的附件，是验收产品的依据之一。技术协议一般包括以下内容。

①技术内容。当产品没有可引用的相关标准，则双方需要约定技术方面要求的内容，例如对产品的材质、性能、外观、包装等方面作出具体规定。

②验收内容。当验收产品无可引用的相关标准时，则应对其具体的验收依据、验收程序、验收方法等作出相应的规定。

③其他内容。除合同不包括的以及上述技术、验收内容以外的，而又要双方约定的事项，均可作为其他内容写入技术协议中，例如，售后服务、质量纠纷的仲裁等。

技术协议与合同一样，必须采用书面形式形成文件，经双方商定签字并盖章后生效，与合同一并保存。

（5）标准样品（样件、色板）。标准样品是具有足够均匀的一种或多种化学的、物理的、生物学的、工程技术的或感官的等性能特征，经过技术鉴定，并附有说明有关性能数据证书的一批样品。

标准样品可以是纯的或混合的气体、液体或固体，也可以是一件制品或图像。多数标准样品是批量鉴定的，也就是在一批物料中任意抽取少到能满足要求的一部分，它能够代表整批物料在规定的不确定度限内的性能数值。

少数标准样品是逐个鉴定的单个制品。还有些标准样品由于它们的特性不能用已经建立的化学结构和其他原因进行说明，因此它们的特性不能用成分、质量和数量来表示，也不能用严格定义的测试方法来测定。这类标准样品包括某些生物性质的、工程技术的或感官的标准样品。

（6）明示担保和质量承诺

1）明示担保。担保是表示负责，保证不出问题或一定办到。明示是公开表示。所以，明示担保是公开表示负责，公开保证不出问题，公开表示一定办到。

明示担保表现的形式很多，例如，产品的合格证、说明书、产品执行的标准、产品标识、产品标志、展览的样品等都是明示担保，表示对这些公开的内容负责。质量检验机构应对本组织出具的有关产品质量方面的文件内容进行检查，检验是否有与产品质量不相符的明示担保，若有，应建议有关部门修改。

2）质量承诺。质量承诺涵盖了明示担保、产品说明书、执行的产品标准的条款。质量承诺的表现形式主要有质量目标、《质量保证声明》、广告等，以及组织领导对顾客就产品质量方面的各种正式言论。

4.1.4 质量检验的实施

企业在进行质量检验的过程中应遵循以下基本步骤。

1. 准备

熟悉检验标准和技术文件规定的质量特性和具体内容，确定测量的项目和量值，将其转换为可直接测量的物理量，同时需确定检验方法、制定检验规范等。

2. 测量

确认检验仪器设备和被检样品试样状态正常，按已确定的检验方法对产品质量特性进行定量或定性的观察、测量、试验。

3. 记录

对测量的条件、得到的量值和观察得到的技术状态、质量状况用规范的格式予以记载或描述。质量检验记录是证实产品质量的证据，数据要客观、真实，字迹要清晰、整齐，不能随意涂改。

4. 比较

将检验结果与每项质量特性检验标准进行对照比较。

5. 判定

确定每一项质量特性是否符合规定要求。检验产品的判定有符合性判定和适应性判定，检验人员有且仅有符合性判定的责任和权利。

6. 处理

检验人员对检验的记录和判定的结果进行签字确认，对判定合格的产品做好合格标识并放行；判定为不合格的产品进行隔离，做好不合格标识，按照不合格品处置流程处理。

资料卡片

质量检验人员要求

质量检验人员要对产品质量起把关、监督的作用。一般来说，质量检验人员需要满足以下条件。

1. 具有良好的素质，包括身体素质、质量意识、责任感和原则性等。

2. 具有一定的科学文化知识和完成有关测试的能力，熟悉产品图样、技术标准等。

3. 掌握质量管理的基础知识，深刻认识质量检验工作的重要性。

4. 了解国家的法律法规、规范和方针政策，了解本企业产品的生产过程和工艺流程等。

5. 经过培训取得上岗资格。

案例剖析

【案例一】

国内成立首家小龙虾检测中心

2021 年 11 月 26 日，经过湖北省专家组现场评审，湖北省小龙虾质量检验中心顺利通过验收。这标志着国内首家小龙虾质量检验中心在潜江正式落地。

湖北省小龙虾质量检验中心验收成功后，将为湖北省乃至全国小龙虾产业提供技术支撑和技术服务，为下一步创建国家级检验中心打下坚实基础。

截至 2021 年 11 月底，该中心共认证产品 324 个，参数 1 263 个，涉及小龙虾繁育、养殖及成品小龙虾流通、加工、运输、储存等各个环节。中心还申报了《地理标志产品潜江龙虾》《小龙虾检验抽样技术规范》《小龙虾捕捞与运输技术规程》《小龙虾配合饲料》《工厂化繁育技术规程》等地方标准，申报了《龙虾废弃物的综合利用及检测方法研究》《潜江龙虾肌肉营养成分分析方法及其机理研究》等科研项目，积极与荆州气象局、长江大学合作，共同开展“潜江龙虾”气候品质认证技术研究并取得系列成果。

【案例二】

质量促销量

一汽解放汽车有限公司成立于2003年1月18日，整车年生产能力可达31万辆，重卡连续4年行业第一，中重卡连续3年行业第一，单一品牌销量连续两年全球第一，牵引车连续14年行业绝对领先，轻型车连续4年实现高速增长。

一汽解放卡车的车身焊装线主焊线全部采用的是机器人进行焊装作业；驾驶室涂装线采用自动化控制装备，涂层质量达到了国际水平。整车装配线采用模块化装配，配备定制装配工具，检测线由计算机控制，进行100%驾驶室淋雨密封性检验。2021年，一汽解放汽车有限公司获得CAQI① 多项质量大奖，被授予“全国产品和服务质量诚信示范企业”。解放J7、J6系列汽车荣获CAQI颁发的“全国质量检验稳定合格产品”证书。这正是一汽解放重视企业信誉和产品质量的最好体现。

思考题

1. 阅读案例一，思考潜江成立小龙虾检测中心的目的是什么，检测的依据有哪些。

2. 阅读案例二，思考一汽解放卡车销量增长的根本原因可能是什么。

3. 结合以上两个案例，谈一谈质量检验在保证产品质量中发挥的重要作用。

即学即用

1. 什么是质量检验？实施质量检验的组织均是独立的第三方吗？

① CAQI：China Association for Quality Inspection，中国质量检验协会。

2. 不同的质量检验人员对同一件产品有不同的检验结果，可能的原因是什么？质量检验的依据是什么？

3. 如果你是质量检测人员，该如何开展质量检测工作？

学无止境

不合格品控制

不合格品是指生产的产品中不符合质量标准的产品，包括废品、返修品和超差利用品3类。加强不合格品的控制，既能降低生产成本，提高企业经济效益，又对保证产品质量，实现良好社会效益起着重要作用。

一般情况下，企业对生产的产品先进行符合性判定，判定产品是否符合技术标准，做出合格或不合格的结论。在经符合性判定为不合格品后，进入处置性判定。处置性判定是对其作出返工、返修、让步、降级改作他用、拒收报废判定的过程。

生产企业对不合格品的处置由技术部门决定或由专业的不合格品评审机构评定后处置。

在产品实现过程中，当人、机、料、法、环、测诸要素出现异常波动时，往往会产生不合格品。

不合格品的管理主要包括6个方面：不合格品的识别、标识、记录、隔离、审理和处置。

不合格品的处理必须坚持“三不放过”的原则，以避免不合格品的重复出现。“三不放过”的原则：原因未查清不放过；责任未明确、责任者未受到教育及相应处理不放过；纠正措施未落实不放过。“三不放过”的原则可从根本上解决质量问题重复发生问题，提高产品质量和企业管理水平。

4.2 质量检验方法

学习目标

1. 认识质量检验的分类。

2. 了解检验数量的选择原则、质量检验的工具。

一目了然

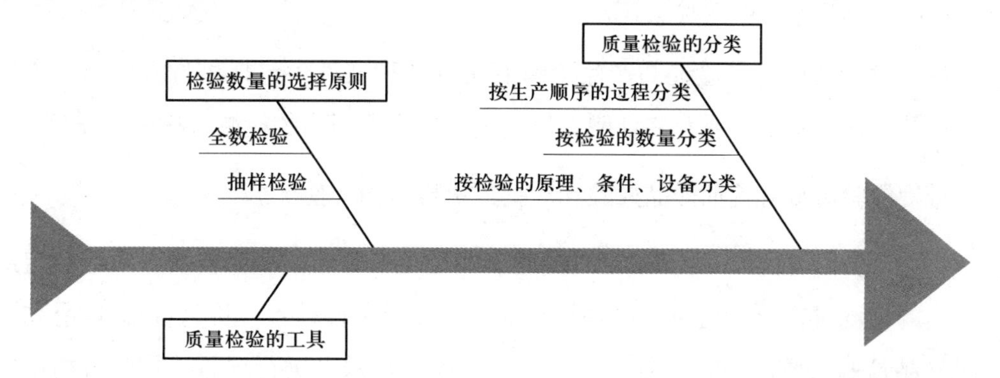

开卷有益

为了严格品质监控和质量检验，从原料加工到最后成品下线，海天味业独创“四步检验法”。第一步：原料把关。挑选结实饱满的优质黄豆，淘汰不合格的黄豆。第二步：风味把关。对发酵液进行鉴定分析，确保香气浓郁，滋味醇厚，天然新鲜。第三步：品质把关。按照酱油类调味品最严格标准检验，确保酱油卫生、安全、洁净。第四步：成品把关。运用最先进的检测设备，对产品的包装形象、气密性、内在品质进行严格控制，保证健康、安全。

看起来简单的四个步骤，共需要119道工序才能完成，每一道工序都包含着海天对于产品质量的严格把控。这才能酿造出好酱油。海天味业对从原料的挑选到原料的检验与加工的每一步都严格要求，从细节着手，用质量赢得大家的认可。

质量检验是关系产品质量好坏的关键所在。企业根据生产过程中各个环节、各道工序的不同，采取不同的质量检验方法，确保不合格的原材料不会投入生产、不合格的半成品不会流入下道工序、不合格的产品不会出厂。

4.2.1 质量检验的分类

1. 按生产顺序的过程分类

质量检验可分为进货检验、过程检验和完工检验 3 种。

（1）进货检验。原材料质量合格是产品质量合格的前提和保证，所以进货检验是保证产品质量以及生产顺利进行的重要基础措施。进货检验是指对购进的原材料、零部件、外协件、包装材料等货物，在入厂前或入厂后投入生产使用前的规定期限内进行的产品质量检验。

进货检验之前，应验证与产品质量有关的各种文件，包括供货方或第三方提供的产品质量检验报告或合格证明，出具上述报告或证明的检测机构的资质证明。

进货检验通常有首批样品检验和成批进货检验两种情况。

1）首批样品检验。为了确定外购物料满足生产需要的质量需要，对已选定或拟选定的合同供货单位提供的第一批样品进行的鉴定性检验，称为首批样品检验。首批样品检验主要用于对供货方所提供的产品质量水平进行评价，作为合格供应方选择和控制的依据之一。

2）成批进货检验。当外购物料通过首批样品检验，在供货方有合格的质量保证体系，可以确保其产品质量的一致性和稳定性的情况下，进入正常生产状态后一般采用成批进货检验。

（2）过程检验。过程检验也称工序检验或阶段检验，是对从原材料投产到产品最终形成之前的各道工序上的在制品进行的符合性检验。其目的在于避免批量性的不合格品流入下一道工序。

过程检验的任务包括按质量计划或规定的检验程序进行检验，严把工序质量关，确保未经检验或检验不合格的在制品或半成品不流入下道工序；对工序质量进行监控，为工序控制和质量改进提供信息，分析有关质量特性的变化情况及其原因，协助操作人员制定有关纠正措施和预防措施。

过程检验主要包括首件检验、巡回检验和末件检验 3 种形式。

1）首件检验。首件检验是指当改变加工对象或生产条件后，在批量产品生产中对第一件产品或前几件产品的检验，其主要目的是检验工序是否处于良好的工作状态。

2）巡回检验。巡回检验是由检验人员在生产现场按照规定的路线、检查点、时间间隔对加工过程进行的抽样检验。抽样检验通常与质量控制图结合使用，以便质量出现异常时及时做出预警。

3）末件检验。末件检验是指在批量加工完成后，对这批产品中的最后一件或几件进行的检验。通过末件检验，可以反映出所用工具和专用工艺装置的磨损情况，及时调整设备，保证下批产品生产具有良好的生产技术状态。

（3）完工检验。完工检验也称最后检验。完工检验是指检验人员按照严格的程序和规程对全部生产的半成品或成品进行检验，以判断其是否符合出厂标准。

1）半成品检验。半成品检验是指检验人员在半成品入库前，按照产品图样等有关规范进行综合性核对。

2）成品检验。成品检验是指对完工后产品的性能、精度、外观及安全性等进行全面的检查与试验。成品检验的目的是防止不合格品进入流通领域，它是企业所有检验中最重要的检验。

2. 按检验的数量分类

质量检验可以分为全数检验和抽样检验。

（1）全数检验。全数检验即100%检验，是指对提交检验批次中每个单位产品逐一进行检验，以确定每个单位产品的质量是否符合标准。

（2）抽样检验。抽样检验是指从一批产品中随机抽取一小部分样本单位进行检验，根据不合格品的数量或质量特性，按照一定规则对产品总体（产品批）的质量状况作出判断。

3. 按检验的原理、条件、设备分类

质量检验可分为理化检验、感官检验、微生物检验、试验检验等。

（1）理化检验。理化检验是指主要依靠量检具、仪器、仪表、测量装置或化学方法对产品进行检验，并获得检验结果的方法。如几何量检验、物理量检验、机械性能检验、化学分析法检验和仪器分析法检验等。

（2）感官检验。感官检验也称为官能检验，是通过视觉、听觉、味觉、嗅觉、触觉等感觉器官对产品的质量进行评价或判断，适用于只能依靠感官检验的质量特性，如对产品的形状、颜色、气味、伤痕、老化程度等。

（3）微生物检验。微生物检验即卫生检验，是指对产品（主要是直接入口的产品）细菌污染的定性或定量检验，通常适用于食品、饮用水、口服及外用药物、化妆品、需灭菌的产品等的卫生检验。

（4）试验检验。试验检验也称为产品试验，是指对产品的技术标准，根据可检验性原则进行相应的试验，通常包括型式试验、常规试验、抽样试验及特殊试验。

4.2.2 检验数量的选择原则

1. 全数检验

全数检验主要适用于以下情况：检验是非破坏性的且检验性价比较高；检验的项目少且检验的总量不多；影响产品质量的关键零部件或质量不太稳定的零部

件、产品；单件、小批生产的产品、零部件；昂贵的、高精度或重型的产品和有特殊要求的产品、零部件；能够应用自动化检验方法的零部件、产品。

产品是否要进行全数检验，首先考虑的是检验是否具有破坏性，如床垫的使用寿命试验，纸巾的溶水性试验，一经试验，产品就会被破坏，因此不适合进行全数检验。此外，还应考虑产品检验的性价比，对于量大成本低的产品，如回形针、牙签、螺钉等，因生产工艺成熟、生产过程可靠，使废品很少，且不合格品所造成的损失非常低，一般不进行全数检验。但量小价值高的产品，如飞机、潜艇、火箭等，因某一细节的问题可能导致产品功能缺失，造成大量人力、物力及时间成本的浪费，甚至带来灾难性的后果，因此对这类产品要进行全数检验。

2. 抽样检验

抽样检验主要适用于以下情况：批量较大且质量稳定的产品和零部件；检验成本较高或检验时间较长的产品和零部件；允许批量产品中有一定比例的不合格品；具有破坏性的检验项目。

抽样检验是从产品批里抽取一部分产品进行检验，然后根据样本不合格品数，或质量特性的规定界限来判断整批产品是否合格。因此，即便判定为合格的产品批，也可能有一定数量的不合格品。抽样检验存在检验的数量少、费用低、时间少、成本低的优点。如果允许批量产品中有一定比例的不合格品，那么从经济上考虑是有利的。值得一提的是，使用抽样检验时，应严格执行检验方案，减少抽样的随意性。

在实际质量控制中，检验数量根据费用和预期的漏检不合格品所发生的费用来决定，如图 4–1 所示。一般情况下，随着检验数量的增加，检验费用会随之增加，而漏检不合格品所发生的费用就会减少。传统的观点认为，总费用最低时，所对应的检验数量就是最优检验数量。

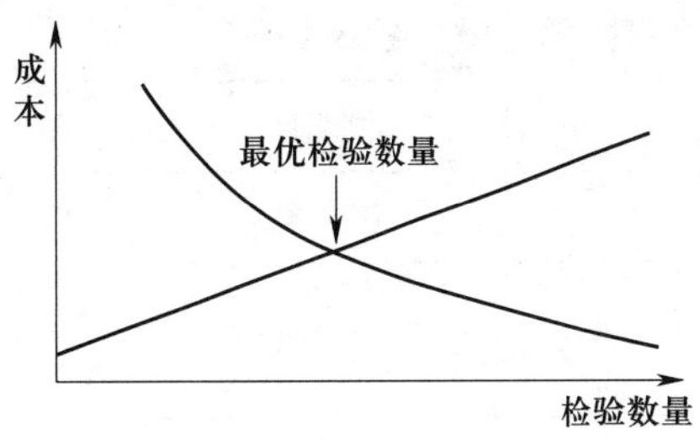

图 4–1　检验数量与成本关系图

资料卡片

百分比抽样检验不科学

抽样检验能够按国家标准要求选择抽样方案进行抽样检验，是符合国家标准要求的，国际上也认可这种抽样方案。按百分比抽样检验就显得不科学，而且国际上也不认可这种抽样方案，如每批抽 10% 或 2% ～ 3% 等。

为什么说不科学呢？因为它对于不同数量的批，检验的宽严程度不同，例如不合格率相同（均为 5%）的 3 个批：A 批 90 件、B 批 500 件、C 批 900 件，都按照每批抽 10% 进行检验，而且检验后不允许有不合格品，否则整批不合格，不予验收。A 批抽 1（0.9）件检验、B 批抽 5 件检验、C 批抽 90 件检验。1 件出现不合格品的概率和 90 件出现不合格的概率相比，显然是 90 件出现不合格品的概率大，那么该批验收合格的可能性就非常小，而 1 件出现不合格的概率小，那么该批验收合格的可能性就非常大。可见大批接收严格，小批接收宽松，有失公平，所以说不科学。

4.2.3 质量检验的工具

质量检验人员在对产品进行检验时，需要使用各种不同的检验工具，日常工作中，检验人员需定期对检验工具进行保养和检修，保证检验结果准确无误。常用质量检验工具见表 4–1。

表 4–1 常用质量检验工具

序号	检验工具	使用说明
1	相位仪	用于检查各类电器使用的电源插座接线是否正确
2	测电笔	用于检测用电情况和电压负荷的量具
3	兆欧表	用于测量各种电动机、电缆、变压器、元器件、家用电器和其他电气设备的绝缘电阻
4	卡尺	用于度量材料本身的结构尺寸
5	钢卷尺、软卷尺	度量和检查作业完成的线面尺寸和弧形尺寸
6	坡度尺、对角尺	检查施工面的坡度系数，检验材料或产品矩形尺寸的对等程度
7	温度计	测量材料温度

续表

序号	检验工具	使用说明
8	电子秤	用于量称材料质量
9	厚度仪	用于测量材料或产品厚度
10	激光水平仪	用于测量顶面和地面是否水平，也可用于在墙面打出水平线
11	检测反光镜	用于检查肉眼直观检查不到的部位
12	塞尺	用于测量产品或材料的间隙
13	塞规	用于检测产品的孔径
14	游标卡尺	测量长度、内外径、深度
15	千分尺	比游标卡尺更精密，可以精确到 0.01 毫米

资料卡片

不同类型产品的检验

1. 机械产品质量检验

机械产品是工业产品的基础，无论其尺寸、形状、结构如何变化，都是由若干分散的、不具有独立使用功能的制造单元组成具有某种或某项局部功能的组件或具有综合性能的组装整体。由于机械产品的用途千差万别，其结构性能也就各不相同，其检验方法具体内容见表 4-2。

表 4-2　机械产品的检验方法

序号	产品类别	方法
1	零件检验	化学分析
		物理试验
		几何测量
2	产品性能检验	功能试验
		结构力学试验
		空转试验
		负载试验
		人体适应性试验
		安全性、可靠性和耐久性试验
		环境条件试验

2. 电工电子产品质量检验

电工电子产品广泛应用于工业、农业、交通、冶金、电力等国民经济各部门、各行业，其检验方法和内容见表 4-3。

表 4-3 电工电子产品质量检验方法和内容

序号	方法	检验内容
1	型式试验	结构要求
		性能要求
2	例行试验	外观
		运行情况
		介电性能
		调整、整定及校正
		气密性
		密封性
		电阻或阻抗测量

3. 流程性材料质量检验

流程性材料可以是固态，也可以是液态和气态，在一定条件下，三种形态可互相转换。由于流程性材料的多样性，其产品性能要求千差万别，检验方法和检测使用的仪器、设备也各不相同，需根据具体产品确定其检验方法。

案例剖析

【案例一】

独一无二的质量检测方法

质量检验不仅是企业保证商品质量符合标准的必要手段，也是质量监督机构和消费者评价商品质量的手段。海尔集团清楚地意识到质量对于企业发展的意义，从创业开始，就牢牢抓紧质量这个纲，以质量立厂，以质量兴厂。

海尔集团不仅树立了先进的产品质量观念，更落实了一系列管理手段，建立质量检测中心就是管理手段的重要一环。1998 年，海尔集团投入巨资建成质量检测中心，该中心拥有专业实验室46个、专业测试设备1 000余套，配有国际最先进的产品测试系统和一流设备40余套。作为海尔集团的质量控制和认证、检验中心，海尔集团还建立了U-home实验室，进行用户模拟实验。质量检测中心实验室获得国内首家UL-CTDP实验室证书，成为国内第一家具备国家级实验室资格的企业实验室。

海尔集团严把质量关，积攒了许多独特的冰箱检验方法。

（1）给冰箱打吊瓶。为了检测冰箱排水口是否畅通，海尔人将吊瓶的针头布置在排水口附近，连续打7天吊瓶，如果不出现冷藏室积水、结冰堵塞排水口的现象则表明此项检测合格。

（2）给冰箱“盖棉被”。为了满足消费者嵌入式摆放冰箱的需求，解决冰箱因四周空间小影响散热效果的问题，海尔人发明了“盖棉被”试验法：将冰箱罩在特制的箱子里做各种性能检测，确保每台冰箱都能在狭小的空间里正常工作。

（3）给冰箱喷盐水。海尔产品走遍世界，可是世界各地气候状况差异很大，对产品质量的要求也各有不同。如古巴地处热带，四面环海，因而气温高，空气湿度大、含盐量高。这样的气候环境，对产品的抗锈蚀能力要求更为严格。为了检测产品的防锈能力，海尔的技术人员发明了一种检测方法：将组装后的整机产品每隔6小时喷洒一次盐水，连续喷洒10天，检测其防锈能力。

（4）耐腐蚀检验。冰箱的许多食品，尤其是汤汁类，会对冰箱产生一定的腐蚀作用。海尔的技术人员把棉籽油和油酸按照1∶1的比例配成腐蚀液，持续3个月涂抹于冰箱内胆，检测其耐腐蚀能力，检测合格的冰箱才被允许出厂销售。

（5）冰火检验法。在使用过程中，冰箱箱内的温度经常发生变化。这就要求箱体的发泡层和内胆质量过硬，确保遇冷不开裂、遇热不变形。海尔集团为此设计了极为严苛的冰火检验法：将冰箱箱体置于特制的试验箱中，使其不断处于-30 ℃～60 ℃的冷热变化的环境，这样累计循环100次后毫发无损，才算过关。

正是凭借这些独特而又苛刻的检验标准和检验方法，海尔集团才能保证商品的高品质，赢得国内外消费者的信任。

【案例二】

好记革弊鼎新之路

随着人民生活水平的提升，大众在食品品质层面提出更高标准、更严要求，酱油产业迈入“味道与健康并重”的新纪元。好记为了适应调味品市场的变化和发展，采用有机原材料，在继承中国古法木桶酿造酱油技术的同时，建立了食品检测中心，严把质量关。

好记食品检测中心拥有先进的实验设备，高素质的专业人才和标准化的管理模式，含有理化分析实验室、微生物分析及培养实验室，向生产车间提供纯种的菌种，对进厂原材料、辅料、包材及出厂成品进行检测，并对生产过程全程跟踪检测，为公司生产高品质产品提供质量保障。

该检测中心于2021年年底获得由中国合格评定国家认可委员会签发的CNAS实验室认可证书。本次CNAS认可的检测共涉及16个项目，包括好记有机酱油常规检测项目（感官体验、可溶性总固形物、氯化钠、氨基酸态氮）、粮油的常规检测项目（杂质、不完善粒检验、色彩、气味）、食品安全检测项目（水分、蛋白质、铁、钙、氨基酸态氮、铵盐、pH值、菌落总数、大肠杆菌等）和大豆的检测（完整粒率）等。

好记食品先后获得的中国质量中心有机产品认证、爱科赛尔美国有机和欧盟有机双认证、SGS–瑞士通用公证行颁发的FSSC22000食品安全体系认证以及SQF食品安全与质量规范认证等多项殊荣，可见其在食品安全把控方面的决心与实力。

思考题

1. 阅读案例一，思考海尔集团采取了哪些质量检验方法，这些检验方法取得了什么效果。

2. 阅读案例二，思考好记食品成立质量检测中心目的是什么，生产过程全程跟踪检测的质量检验方法有哪些。

即学即用

1. 常见的质量检验分类方式有哪些？它们分别适用于哪些情况？

2. 测量样品数量通常是由什么因素决定的？

3. 你还知道其他质量检验工具或方法吗？

学无止境

质量检验制度

质量检验制度是指按照特定的标准、方法和程序，对产品质量进行检测，以判明产品是否符合产品质量标准的制度，如图 4–2 所示。

产品检验人员在进行质量检验时，应加强质量检验的组织管理，严格遵守各项质量检验管理制度，确保检验结果准确有效。

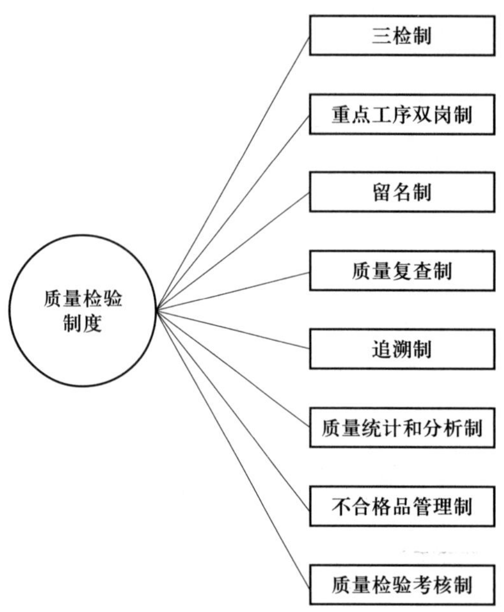

图 4-2　质量检验制度

质量改进

5.1 概　　述

学习目标

1. 了解质量改进的定义和目的。
2. 认识质量改进的阶段和步骤。
3. 认识质量改进的传统七大工具和新七大工具。
4. 初步形成持续改进质量意识的理念。

一目了然

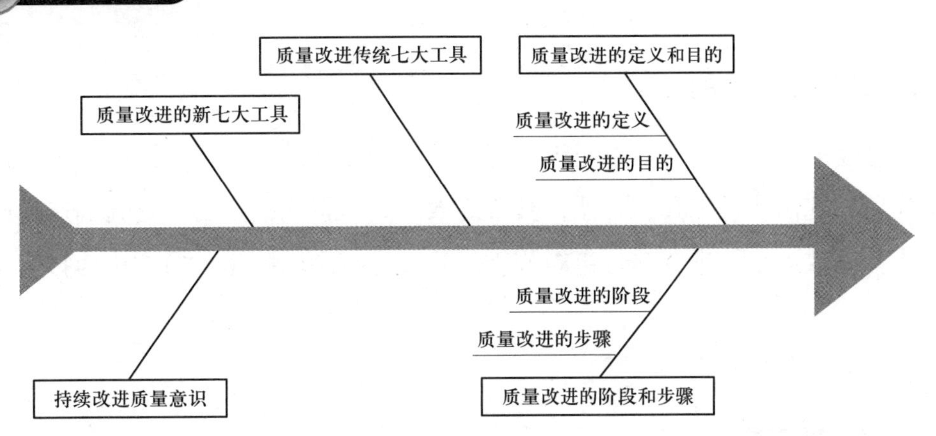

2000年，华为技术有限公司总裁任正非亲自主持召开了一次质量反思大会。在这次大会上有一个特殊的奖品，那就是一张张机票的票根。原来，这些机票票根都是华为员工乘坐飞机，亲自一趟趟飞到客户身边，去把坏了的产品换回来，通过诚意满满的售后服务来弥补产品质量带来的不良体验。而这些一趟一趟来回飞的机票，被任正非装裱在相框里，作为质量大会的“奖品”。这些“奖品”也在很长的一段时间里，成为大家办公桌上最重要的一个摆设，时时“刺激”着每一位华为员工。

2001年起，华为引入盖洛普调查，让客户对质量打分，这个分数成为第二年设定目标的基数。如果质量没有做到业界最佳，那么就把目标设为业界最佳，尽快改进；如果质量已经达到业界最佳，那么每年还要以不低于20%的速度去改进。华为质量文化，就是将“一次把事情做对”和“持续改进”有机结合起来，在“一次把事情做对”的基础上“持续改进”。

罗马不是一日建成，质量也不是一蹴而就的，华为始终坚持探索解决办法，不断改进产品质量，从“发现问题”升级为“预防问题”，旨在给消费者带来更好的消费体验。

5.1.1 质量改进的定义和目的

1. 质量改进的定义

质量改进是为向企业及其客户提供增值效益，在整个企业范围内所采取的提高生产活动和过程效果（性能提高）与效率（成本降低）的措施。质量改进的对象分为产品质量和工作质量两个方面。

2. 质量改进的目的

质量改进是质量管理的重要组成部分，用于提高满足质量要求的能力。质量改进借用一定的质量工具与方法，其最终效果是获得比既定目标更高的产品或服务。当质量改进是渐进的并且组织积极寻找改进机会的状态，通常称为持续质量改进。

5.1.2 质量改进的阶段和步骤

1. 质量改进的阶段

质量改进就是PDCA循环。PDCA循环将质量改进分为四个阶段，即Plan（计划）、Do（执行）、Check（检查）和Act（处理）。在质量改进活动中，要求把各项工作按照作出计划、计划实施、检查实施效果，然后将成功的已解决的经验纳入标准，将不成功的未解决的问题留到下一循环去解决，如图5-1所示。PDCA循环是质量改进的基本方法，也是企业管理各项工作的一般规律。

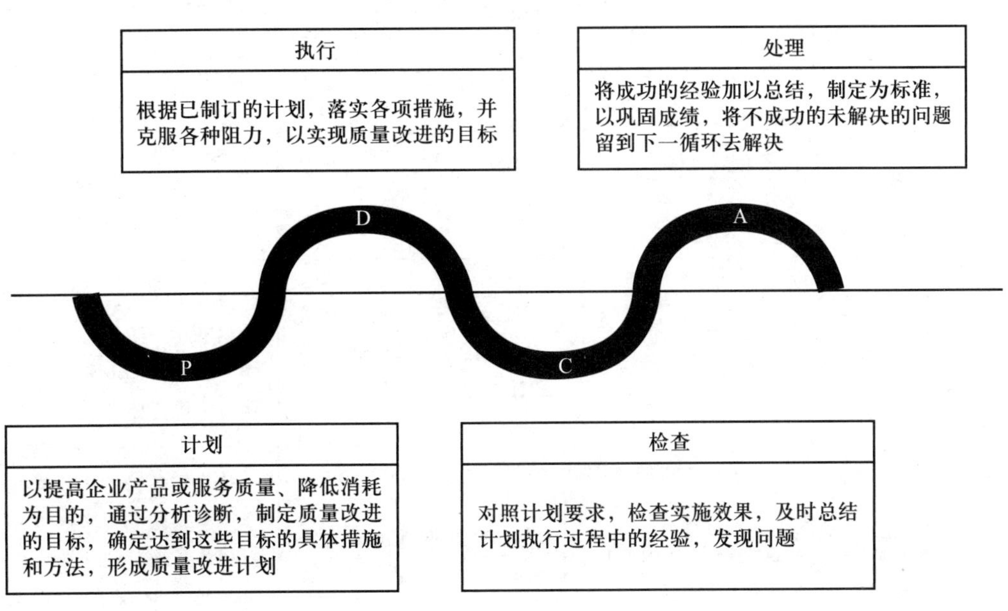

图5-1 PDCA循环

PDCA循环是一个阶梯式上升的过程，质量没有顶点，不能停留在一条水平线上，不断解决问题的过程就是质量水平逐步提高的过程，如图5-2所示。

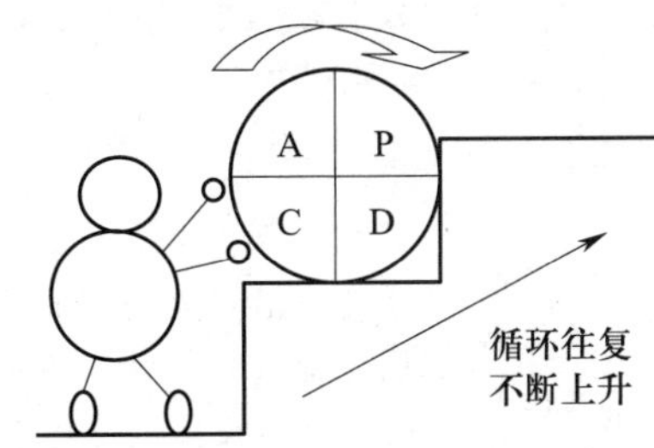

图5-2 企业通过PDCA循环实现提升

2. 质量改进的步骤

PDCA 的 8 个步骤是 4 个阶段的进一步细化，说明了 PDCA 的具体实施步骤，每个步骤的内容及注意事项见表 5–1。

表 5–1　PDCA 8 大步骤

序号	步骤	步骤说明	注意事项	内容
1	选择主题	需改进的问题和对象，主要考虑质量、成本、交货期、安全、环境等因素	考虑解决问题的优先顺序，明确阐述解决的必要性	描述问题影响的范围和程度
2	掌握现状	确定质量改进主题后，进一步把握当前问题的现状	调查问题的特征，收集现有数据中未包含的信息	问题的时间、地点、种类、特征；将现有数据和其他信息相结合，明确思路，寻找突破口
3	分析问题原因	给出一个设立假说，验证假说的过程	设立假说，列出可能的原因；验证假说，找出主要原因	借助因果图工具，确定假设问题的原因；根据重新试验和调查，有计划地进行验证
4	拟订对策	对原因进行分析处理，制定质量改进对策	将现象的排除（应急对策）与原因的排除（永久对策）严格区分开	对策有两种，一种是去除现象（应急对策），另一种是消除引起结果的原因，防止再发生（永久对策）；要多角度、广泛评估
5	实施对策	对制定的对策加以实施	采取对策后，尽量不要引起副作用，并考虑消除副作用；多种方案，权衡利弊	采取对策时，全体成员必须通力合作
6	确认效果	正确确认质量改进效果，防止因误认为确认问题已解决而导致问题再发生；或因忽视改进成果，挫伤积极性	使用图表工具将采取对策前后的质量、成本等指标进行比较；尽可能用财务收益指标衡量；有形、无形效果都应确认	将成果换算成经济效益，让企业经营者认识到质量改进的重要性；若采取对策后未达到预期效果或失败，则需严格确认每个步骤，执行情况或重新开始

续表

序号	步骤	步骤说明	注意事项	内容
7	制定标准	对质量改进的有效措施进行标准化，并纳入管理制度、文件，防止同样问题再次发生	运用5 W1 H（What,Why,Who,Where,When,How）；在企业内部进行再次确认相关标准的贯彻宣传；实施班组培训教育	如果没有标准，问题会再次发生；使标准成为企业员工的执行习惯
8	总结	总结改进效果不显著的原因和改进实施中出现的问题，为下一轮循环提供依据	找出遗留问题，考虑解决这些问题后下一步怎么做；总结经验	质量改进需要持续、长期地开展下去；制定解决遗留问题的下一步行动方案

5.1.3 质量改进传统七大工具

质量改进传统七大工具包括检验表、排列图、散布图、因果图、分层法、直方图和控制图，具体适用条件见表 5–2。质量改进传统七大工具经常被企业灵活地运用到生产过程中，系统收集与产品质量有关的各种数据，并用统计方法对数据进行整理、加工和分析，进而画出各种图表，计算某些数据指标，从中找出质量变化的规律，实现对产品质量的改进。

表 5–2 质量改进传统七大工具及具体适用条件

工具	具体适用条件
检验表	◆ 正确把握现状，了解质量问题出现的次数，掌握产品缺陷数的分布情况，找出产生质量问题的主要原因 ◆ 整理原始数据 ◆ 为了掌握产品的质量而进行核查
排列图	◆ 分析不良产品的数量，掌握最关键的不良因素 ◆ 该方法只适用于在计数值统计条件下分析关键的少数及有用的多数 ◆ 发生质量问题后，用排列图进行分析，用以确定改善的目标 ◆ 将改善前后的排列图进行对比，用以确认问题改善的效果
散布图	◆ 分析两组数据之间是否存在相关关系 ◆ 确认两组相关数据之间的预期关系
因果图	◆ 寻找关键的质量问题 ◆ 寻找质量问题的关键原因 ◆ 根据找出的因果关系，制定改善的对策消除问题 ◆ 表示质量改善期望结果与对策间的关系，确认改善目标是否达成 ◆ 理顺混乱的因果关系，分析日常管理工作中的问题，帮助企业进行决策，明悉企业战略目标的重点

续表

工具	具体适用条件
分层法	◆ 从不同的角度发现质量问题，将杂乱无章的数据归为有意义的类别，达到一目了然的目的，弥补靠经验和直觉判定的不足 ◆ 解决质量数据的分类问题，通过数据分类，为设计查验表提供依据 ◆ 与其他方法结合使用，如控制图、直方图等，以便更好地控制质量
直方图	◆ 直观地传达有关过程情况的信息，用以判断生产工序质量的稳定性 ◆ 推断工序质量符合标准的程度 ◆ 分析不同因素对质量的影响，并确定质量改进的重点 ◆ 为计算工序能力指数提供有关数据 ◆ 验证测量方法和算法是否存在偏差，并判断数据真伪
控制图	◆ 监控系统性因素造成的质量波动，预防不合格品的发生 ◆ 判断工序质量的稳定性和工艺过程的稳定程度 ◆ 分析、控制工艺过程的质量状态，及时发现和消除工艺过程中的失控现象 ◆ 明确机器设备和工艺装备有无失调现象，为产品质量改进和质检提供依据

5.1.4 质量改进新七大工具

随着质量改进的深入发展，传统七大工具已经不能满足多样化的质量改进需求，无法有效地解决更复杂的问题，难以适应时代发展的要求，于是产生了质量改进新七大工具。质量改进新七大工具包括亲和图、关联图、系统图、矩阵图、过程决策程序法（PDPC）、箭线图和矩阵数据分析法，具体适用条件见表 5–3。

表 5–3 质量改进新七大工具及具体适用条件

新工具	具体适用条件
亲和图	◆ 从杂乱的数据中采集信息，组合成易懂的方案 ◆ 整理混淆不清的事务或现象，以明确问题与突破现状 ◆ 掌握各种问题的重点，找出改善的对策 ◆ 用于全面质量管理的推行 ◆ 用于拟订企业方针、目标，市场调查和预测，研究开发
关联图	◆ 理清复杂因素间的关系，发现现场问题 ◆ 市场调查和投诉分析 ◆ 用于目标方针管理的展开
系统图	◆ 系统地寻求实现目标的手段 ◆ 制订质量保证计划，对质量保证活动进行展开 ◆ 对解决企业的有关质量、成本、交货期等问题的创意进行展开 ◆ 可与因果图结合使用 ◆ 可用于目标方针、实施事项的展开，明确部门职能、管理职能

续表

新工具	具体适用条件
矩阵图	◆利用二元性的排列，找出其相对因素，找出问题所在 ◆从二元性关系中，获得解决问题的思路 ◆可用于表示两组事件之间的关系或相关的程度
PDPC	◆预测设计中可能出现的障碍和结果，寻找最佳决策方案 ◆目标管理的设定
箭线图	◆找出工作中的关键路线，制订有效的质量管理计划，合理安排时间进度 ◆掌握工程各步骤的相互层次关系和整体计划情况 ◆改善计划方案，在计划实施阶段进行计划调整
矩阵数据分析法	◆对多个变动且复杂的质量因素进行解析，找出主要因素 ◆分析复杂因素相互交织的工序，从大量的数据信息中分析不良因素

资料卡片

质量管理工具图展示

质量管理传统七大工具及新七大工具如图 5-3 所示。

检验项目	标准要求	检验得分

a)

不合格项目	不合格率	累计不合格率

b)

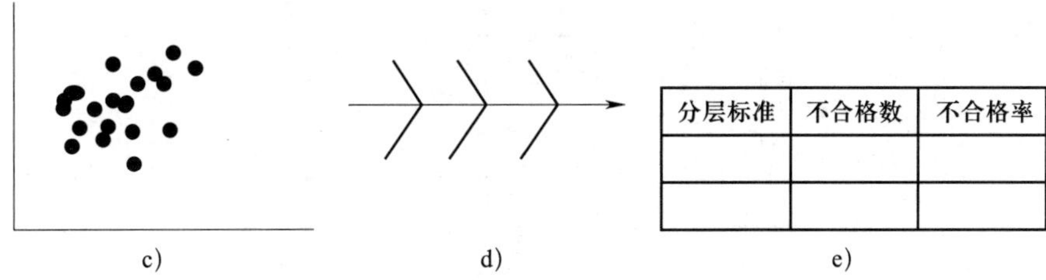

分层标准	不合格数	不合格率

c)　　d)　　e)

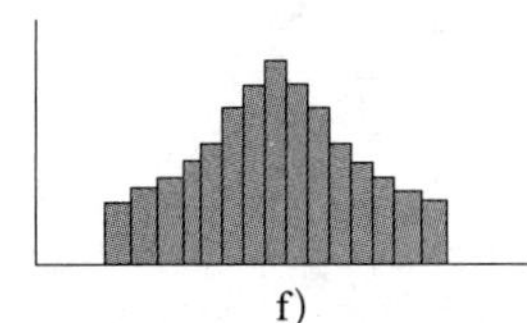

f)

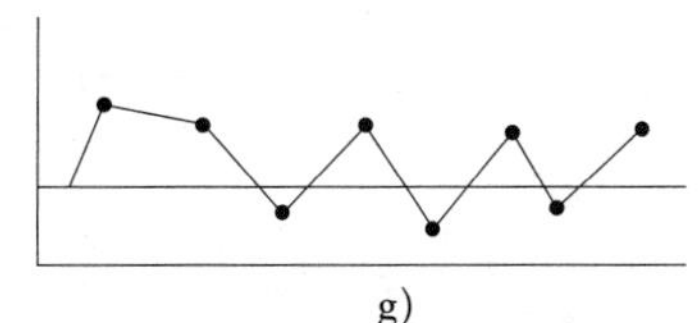

g)

第5章　质量改进

人为因素
机器因素
环境因素
工艺因素
来料因素
其他因素

h)

原因4
原因1
原因一
原因2
原因3
原因1
原因3
原因二
问题
原因2
原因三
原因1
原因3
原因2

i)

目的
方法1
方法2
方法3
手段1
手段2
手段3
手段1
手段2
手段3
手段1
手段2
手段3

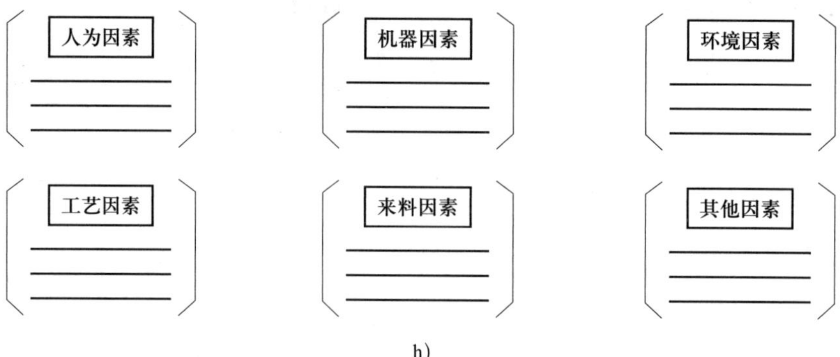

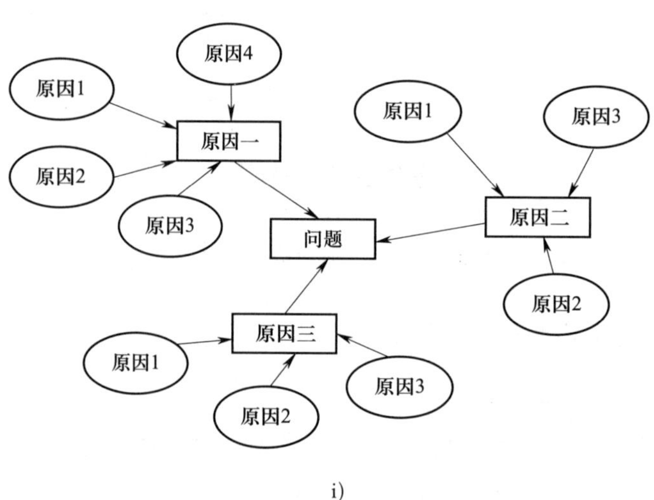

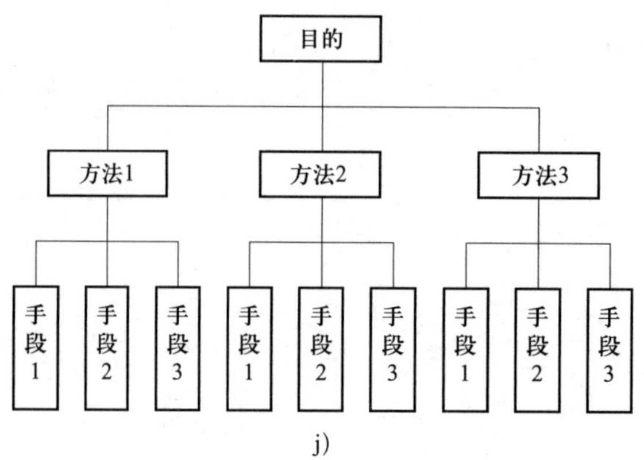

j)

A
B
A
a_1
a_2
a_3
a_4
B
b_1
b_2
b_3

k)

A_0
A_1
A_2
A_3
A_n
C_1
C_2
C_n
Z
B_1
B_2
B_3
B_n
D_1
D_2
D_n

l)

1
2
3
4
5
6
7
A
B
C
D
E
F
G
H
I

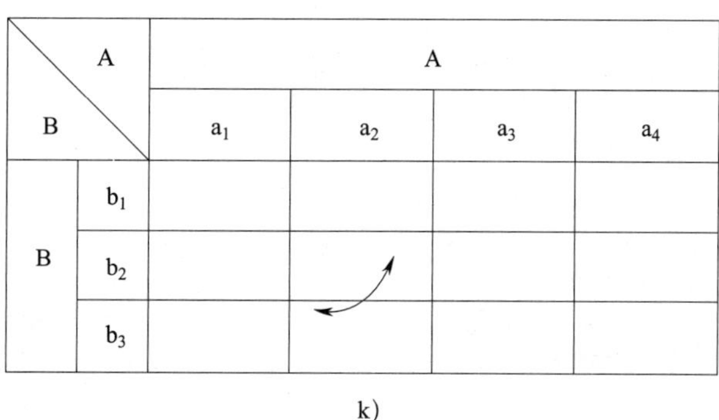

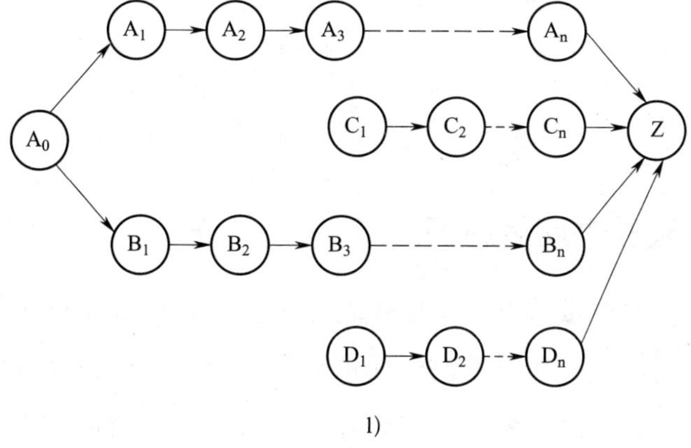

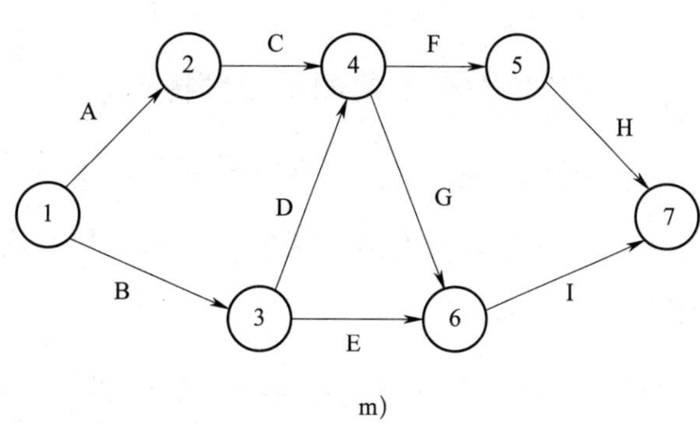

m)

序号	A	B	C	D	E	F	G
1		标准1	标准2	标准3	标准4	总分	权重
2	标准1						
3	标准2						
4	标准3						
5	标准4						
总分							

n)

图5-3 质量管理传统七大工具及新七大工具

a）检验表 b）排列图 c）散布图 d）因果图 e）分层法 f）直方图
g）控制图 h）亲和图 i）关联图 j）系统图 k）矩阵图
l）PDPC m）箭线图 n）矩阵数据分析法

5.1.5 持续改进质量意识

持续改进是企业质量管理永恒的主题。企业通过内部审核、外部审核、设计过程质量控制、制造过程质量控制、质量信息传递、不合格品分析、统计质量控制、顾客反馈等，寻找改进的信息资料和切入口，开展质量改进工作，通过每一次的 PDCA 循环，使质量管理工作上一个台阶。

案例剖析

【案例一】

吐鲁番有个葡萄干“颜控”

“我们今年的新葡萄干已经上市了，估计销量会超过去年。”2021 年 11 月 15 日，王永旭兴奋地告诉记者。他是吐鲁番丝路明珠农业生物科技有限公司负责人，公司去年的葡萄干销售额达 8 000 万元。

2016 年，王永旭辞职创业，和朋友成立了一家商贸公司，通过电商平台销售吐鲁番的瓜果和葡萄干，不过一开始的业绩并不理想。

经过调查研究，王永旭发现葡萄干业绩不理想的原因是因为葡萄干都是从市场上收来就直接卖出的，没有经过精加工处理，葡萄干的品相品质打了折扣，好东西只能卖个地摊价。

汲取经验两年后，王永旭决定开始第二次创业，由商贸转为实体。这一次，他的目标很明确：只卖葡萄干。“吐鲁番葡萄闻名全国，市场认可度很高。只要做好葡萄干的品控，市场没问题。”王永旭说。

当时市场上的葡萄干采用的是传统工艺的清洗方式，使得葡萄干表面色泽暗淡，观感不足；也由于传统工艺的局限，无法保证葡萄干糖分不流失，致使口感下降。为了改进质量，王永旭与一家科研院所合作研发了葡萄干清洗烘干装置，实现清洗烘干全过程自动化。同时，他将公司建在吐鲁番市高昌区亚尔镇新城西门村，跟村里及周边的上百家农户合作，指导农户用更精细的方式晾晒葡萄干，保证了产品的质量。在这里，一粒葡萄干，从晾房出来，要达到直接食用的标准，会经过 20 道工序。目前，王永旭的公司已成为吐鲁番绿葡萄干清洗烘干科技成果转化应用示范基地。经过精细化加工的吐鲁番葡萄干，附加值提升了，价格涨了 20%，还不愁销路。

【案例二】

国家医疗质量安全改进目标

近日，国家卫健委发布《2022 年国家医疗质量安全改进目标》，据悉，从 2021 年起，国家卫健委推出“国家医疗质量安全改进目标”，以目标管理的模式推进各级各类医疗机构不断改善医疗质量，加大医疗安全管理力度。

此次发布的《2022 年国家医疗质量安全改进目标》是 2021 年目标的继承与发展，两者均基于当前我国医疗质量安全领域的突出薄弱环节提出。2021 年 10 项国家医疗质量安全改进目标中，有 8 项继续作为 2022 年目标，其余 2 项作为各专业质控工作改进目标继续推进，以保障相关工作的延续性。

国家卫健委相关负责人表示，随着行业发展和工作推进，医疗质量安全情况每年都会出现一定程度的变化。特别是国家医疗质量安全目标发布后，行业针对性地开展改进工作，部分薄弱环节和突出问题在 1 年内得到明显改善，相关改进工作进入良性轨道。同时，也有一些新的问题和薄弱环节暴露出来，成为需要关注的重点。为了充分发挥目标对行业的引导作用，指导行业精准开展改进工作，需要根据医疗质量安全变化情况，及时修订国家医疗质量安全改进目标，指导行业有针对性地持续开展质量改进工作，推动医疗质量安全工作实现精准改进。

思考题

1. 阅读案例一，思考王永旭第二次创业成功的秘诀是什么。

2. 阅读案例二，浅谈国家卫健委推出“国家医疗质量安全改进目标”的意义。

3. 结合以上两个案例，谈一谈质量改进对企业发展的意义。

即学即用

1. 有人说，企业进行质量改进是为了能够赢得更大的市场，这种说法对吗?

2. 什么是 PDCA 循环，请结合实际谈谈运用这种方法学习质量改进的体会。

3. 在实施质量改进的步骤时，应注意哪些问题?

4. 简述质量改进的传统七大工具和新七大工具分别适用于哪些条件。

学无止境

SPDCA

PDCA 循环是以结果为导向，单向执行、重复施行的方式来解决问题。其中 P（计划）是否准确、D（执行）是否符合标准，都有待商榷。任何工作缺乏执行标准，都不能达成目标。

SPDCA 的 S（Sample，样本）一般来自客户，整理好客户需求，待客户回签确认后，即成为 PDCA 循环的标准。SPDCA 可以使 PDCA 循环更易于操作，保证质量改进的有效性，如图 5-4 所示。

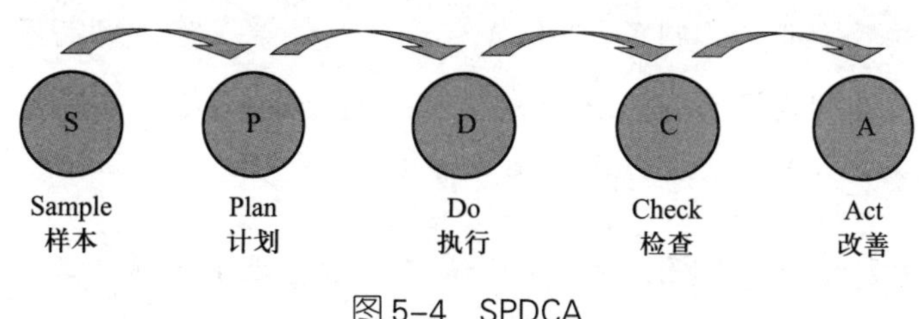

图 5-4　SPDCA

5.2　QC 小组活动

学习目标

1. 了解 QC 小组活动的组建方式和分类。

2. 了解 QC 小组的活动程序。

一目了然

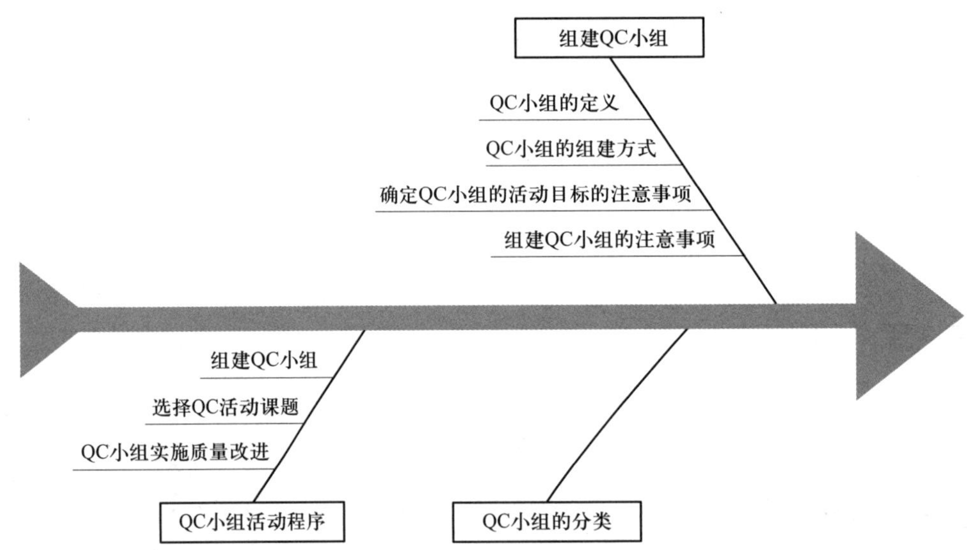

开卷有益

格力作为空调行业的翘楚，一直以科技为先、品质为重的领军形象示人，而其科技实力与产品品质也备受消费者肯定，产品畅销全球。这是因为格力先后确立和实行“质量厂（部）长制度”“全员质量制度”等规范，规定厂（部）长对各自厂（部）的质量问题负责，凡是出现重大质量事故，实行一票否决；规定生产员工对自己所经手的产品工序、作业质量负责。

格力对质量监管高度重视，倡导无论是董事长，还是普通员工，都可以通过开展 QC 小组活动，协助质量管理，实现公司竞争力的提高，为消费者提供更为优质的服务。

5.2.1 组建 QC 小组

1. QC 小组的定义

QC 小组是把在生产或工作岗位上从事各种劳动的员工组织起来，以保证、提高和改进产品质量、工作质量和服务质量为目的，运用质量管理的理论和方法开展活动的小组。

2. QC 小组的组建方式

QC 小组主要按劳动组织、工作性质、课题内容等标准建立，具体的组建方式见表 5–4。

表 5–4　QC 小组组建方式

组建方式	组建标准
劳动组织	以班组、岗位、工种、部门为中心，以技术骨干和全面质量管理积极分子为主，在共同劳动中自愿组建成的小组
工作性质	以班组人员为主，以提高产品质量、降低消耗为目的的“现场型”小组；以车间管理人员为主，以提高工作质量为主的“管理型”小组；以攻克技术关键为目的的“攻关型”小组等
课题内容	以某一课题为活动内容，由参加该课题活动的相关人员组成小组，课题结束，该小组也自行解散或根据新的课题重新组建

3. 确定 QC 小组活动目标的注意事项

确定 QC 小组活动目标需注意以下 3 点。

（1）确定目标应从实际出发。目标的确定是为了解决问题，不能因目标值太低而认为没有改进价值，放弃改进。

（2）每次质量改进的目标值以 1 ~ 2 个为宜，不能定得过多。

（3）质量改进的目标应用数据表示，尽量量化，使目标明确。

4. 组建 QC 小组的注意事项

（1）活动过程坚持科学性。在活动中遵循科学的工作程序，运用质量管理的理论和方法，坚持用数据说明事实，用科学方法来分析和解决问题，开展质量改善活动。

（2）贯彻 QC 小组活动宗旨。QC 小组活动目的是提高员工素质，发挥员工积极性和创造性，改进质量，降低消耗，提高经济效益。任何时候都不能偏离这个目的。

（3）选题范围的广泛性。QC 小组活动选择的课题应该是广泛的，可针对现场存在的问题确定选题，也可以围绕企业的经营战略、方针目标确定选题。

5.2.2 QC 小组的分类

根据工作性质和内容的不同，QC 小组可分为以下 4 种类型，见表 5–5。

表 5–5 QC 小组的分类

类型	介绍
现场型	由班组、服务现场员工组成，以稳定工序、改进产品质量、降低物质消耗、提高服务质量为目的
攻关型	一般由主管、工程技术人员和员工三方结合组成，以解决有一定难度的质量关键问题为目的
管理型	由管理人员为主组成，以提高工作质量、改善并解决管理中的问题、提高管理水平为目的
服务型	由从事服务性工作的员工组成，以提高服务质量，推动服务工作的标准化、程序化、科学化，提高经济效益和社会效益为目的

5.2.3 QC 小组活动程序

企业要建立 QC 小组，实施质量改进活动，可按照以下程序来进行，如图 5–5 所示。

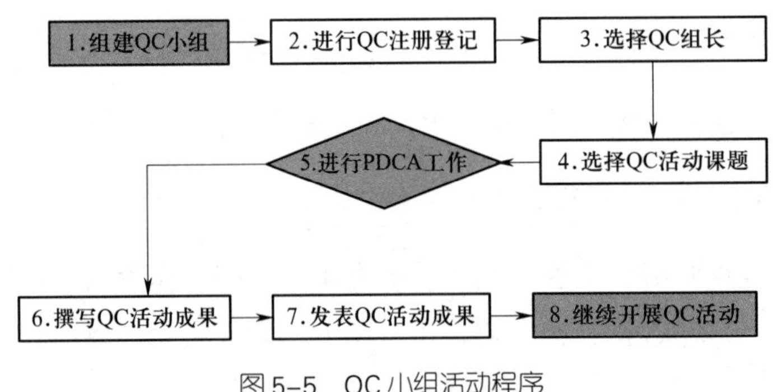

图 5–5 QC 小组活动程序

1. 组建 QC 小组

QC 小组的组建必须实事求是。自愿参加、自愿结合是组建 QC 小组的基本原则，由上而下、上下结合是组建 QC 小组的基础，领导、技术人员和普通员工三结合是组建 QC 小组的好形式。QC 小组成立后，由组员自行讨论、命名小组名称，推选出小组组长。QC 小组在公司专职管理部门注册登记。

（1）QC 小组组长。组长一般由全体组员选举产生，也可在成员同意的前提下由企业指定。企业需注意提拔或推选有组织能力和热心质量管理的人员担任组长，组长应对成员有导引和约束力。组长的主要职责是组织小组成员制订活动计划，进行工作分工，并带头按计划开展活动；负责联络协调工作，及时向上级主管部门汇报小组活动情况，争取支持和帮助。

（2）QC 小组成员。为便于活动，QC 小组的人员不必过多，一般 4 ~ 10 人为宜，一个人可同时参加多个 QC 小组。小组成员要牢固树立“质量第一”的思想，具备一定专业知识和技术水平，并能积极参加活动。QC 小组成员的主要职责是依据 QC 活动计划按时做好分配给自己的工作，负责向本岗位周围员工宣传质量管理的意义，发动周围员工提出合理化建议。

2. 选择 QC 活动课题

（1）课题选择原则。QC 小组活动的课题是 QC 小组在一个时期内奋斗的目标，它关系到小组的活动方向、广度和深度。要使 QC 小组的活动不流于形式，除加强 QC 小组活动的管理外，活动课题的选择也十分重要。选择活动课题应遵循以下 4 项基本原则，如图 5-6 所示。

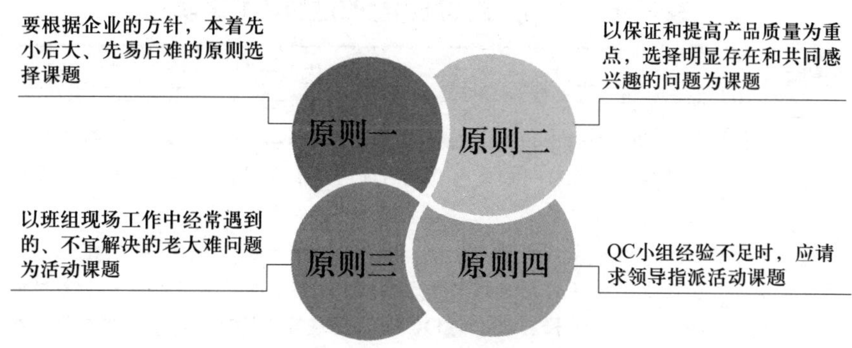

图 5-6　QC 小组课题选择原则

（2）课题选择方法。QC 小组课题选择的方法应贴近实际，具体包括头脑风暴法、简易图表法、调查表法等。

资料卡片

QC 小组分析问题原因的方法

QC 小组通过调查，将掌握到的现状与全体组员共享，并组织全体组员开展头脑风暴法，依靠所掌握的数据，选择适当的分析方法，如图 5-7 所示，对问题进行分析，找出问题产生的原因。

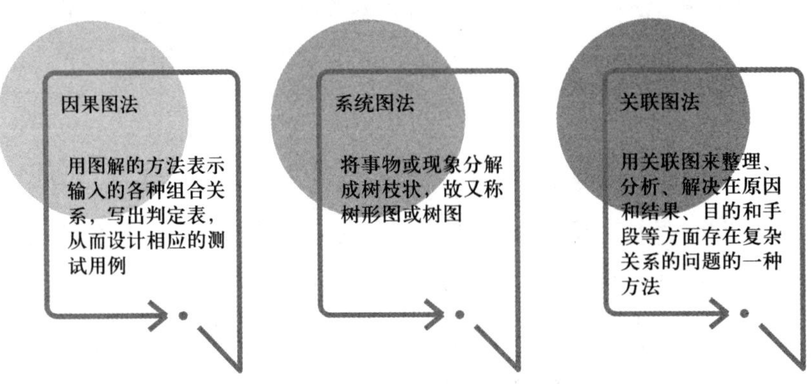

图 5–7　QC 小组分析问题产生原因的方法

3. QC 小组实施质量改进

质量改进是为了提高产品的制造质量，减少不合格品的出现，从而提高组织产品的市场竞争力，实现增产增效。QC 小组在质量改进实施过程中主要应做好以下 4 项工作，具体内容见表 5–6。

表 5–6　QC 小组实施质量改进的注意事项

工作事项	注意内容
指导并监督实施	在 QC 小组中，组长应负起质量改进的指导责任，并控制质量改进实施的过程。组长应向相关人员说明改进对策或措施的具体内容，必要时对组内人员进行培训
新问题的处理	改进措施在实施过程中会产生新的问题，致使原先拟定的对策可能无法实施。此时，组长应及时向 QC 小组反映具体情况，QC 小组召开小组会议进行讨论，及时修改改进对策后，再发布给班组进行实施
检查效果	QC 小组应对改进实施效果进行确认，组长应全力配合。如果检查发现没有取得预期的效果，需重新考虑对策，必要时再进行一次 PDCA 循环
总结修正	将有效的措施制定为标准、规范，不适用的措施要继续研究，将改进措施遗漏的问题作为下一次改进的目标，使 QC 小组质量改进活动保持连续性

案例剖析

【案例一】

奇瑞优化 QC 小组喜获国际金奖

2021 年 11 月 23 日，第 46 届国际质量管理小组会议（ICQCC）在印度海得拉巴举行，共有 904 个小组参赛。奇瑞优化 QC 小组从中脱颖而出，获得大会最高奖—金奖，这也是奇瑞公司连续五届赢得这项有着“质量奥林匹克”美誉的国际奖项。

奇瑞 QC 小组本次获奖课题为降低某车型开发阶段整车抖动体验类问题。课题以顾客体验质量为出发点，着力解决整车抖动问题对顾客驾驶体验的影响，提升顾客对产品品质的感知体验。在课题活动中，小组成员不断突破质量技术瓶颈，运用质量工具方法，不断进行质量技术创新，系统解决了某车型整车抖动体验差的问题，成功将整车抖动故障率降低至 0.25%，大幅增强客户驾车体验和驾乘乐趣，提高了客户满意度。截至目前，课题组已在国内发布了两篇质量技术论文，同时将课题成果推广到公司的其他新品车型上进行广泛运用，也为行业类似问题解决提供了借鉴。

奇瑞优化 QC 小组成员主要由来自于研发、质量、制造等跨部门攻关团队，长期致力于整车品质提升。近年来，奇瑞优化 QC 小组成员在课题攻关中，不断对标学习汽车行业最新实践成果，从以传统解决产品缺陷和故障问题的被动问题解决型 QC 小组，逐步转向以提升用户感知质量、增强用户体验、创造客户价值的防患未然型 QC 小组。小组先后完成 45 项课题攻关、发表专业论文 21 篇、申报专利 26 项，并在各质量平台上获得优秀成绩，荣获安徽省“工人先锋号”、全国机械工业“工人先锋号”、全国机械工业“标杆 QC 小组”等荣誉。小组成员先后参与的奇瑞“双矩阵汽车全生命周期质量管理模式”“轻量化车身技术在 T1X（SUV）平台上的开发及应用”“先进驾驶辅助系统（ADAS）平台化开发及技术应用”质量技术成果，均获得中国质量协会质量技术进步奖。

奇瑞始终重视质量管理，在中国车企中率先建立了奇瑞生产方式和奇瑞全球质量管理体系。奇瑞坚持以用户为中心，不断提升产品和营销体验，提升用户满意度，实现了客户价值的全面提升。在 J.D.Power（君迪）发布的 2021 中国汽车销售服务满意度研究中，奇瑞以 732 分在自主品牌销售满意度排名中获得亚军。

【案例二】

用高质量让世界爱上中国造

格力“大圣归来”QC小组成立于2011年，主要负责对半导体器件进行失效分析，以及生产和售后控制器质量问题的改进。小组成员涵盖控制器半导体行业专家、质量工程师、高级技师、失效分析实验员。秉承“追本溯源，力臻完美”的精神，该小组以质量技术创新循环D-CTFP开展质量管理活动，不断在技术上进行探索与创新，力争实现零售后的目标。

小组成立十年以来，积极研究半导体器件可靠性技术，成功提升了半导体器件的可靠度，为公司带来可观的经济利益的同时，也获得了行业内的广泛认可。2018年，格力“大圣归来”QC小组荣获全国优秀质量管理小组、全国轻工业优秀质量管理小组最佳成果奖和全国QC小组40周年分享发布会银奖；2019年，该小组荣获2019年国际质量管理小组大会（ICQCC）金奖；2020年，荣获全国QC小组成果发表赛最高级“示范级”成果奖。

格力将产品质量视为发展基石，通过QC小组开展质量管理活动，创造性打造了格力的“完美质量”管理模式，形成了独一无二的质量管理文化。

思考题

1. 阅读案例一，思考奇瑞汽车在实施质量改进的过程中都采用了哪些措施。

2. 阅读案例二，思考格力“大圣归来”QC小组为什么能取得成功。

3. 请说说还有哪些企业也采用了质量改进的理念。

即学即用

1. 请谈谈如何组建QC小组。

2. 如何选择 QC 小组课题？

3. QC 小组如何实施质量改进活动？

4. QC 小组在进行质量改进时，应注意哪些具体事项？

学无止境

QC 小组成果汇报

1. 汇报内容

QC 小组活动是按 PDCA 循环的科学程序进行的，而成果汇报是小组活动的真实写照，是依据活动过程编写的。因此，成果汇报的主要内容也应体现 PDCA 循环过程，汇报内容主要包括 9 个方面，如图 5-8 所示。

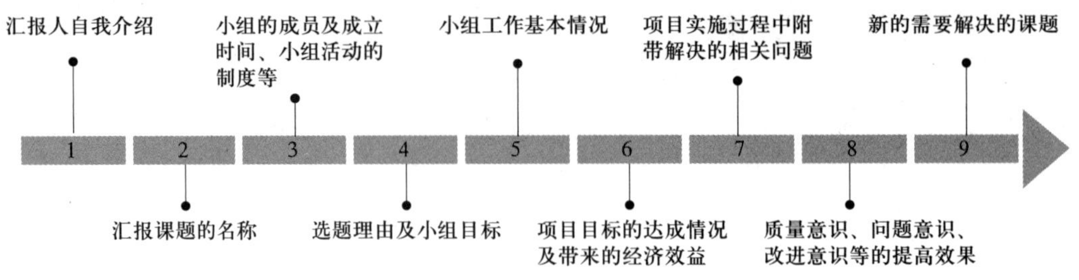

图 5-8 QC 小组成果汇报内容

2. 成果汇报注意事项

（1）对汇报的成果材料，必须在活动记录的基础上进行必要的文字加工，要求文字精简、图文并茂、通俗易懂。

（2）成果汇报者应是小组成员，熟悉本课题的全过程和全面质量管理知识，具有良好的表达能力。

（3）正确应用数理统计方法，用数据说话，实事求是，不弄虚作假。

（4）活动制度、活动内容、活动考勤和活动成果等应记录、保存完整，为现场检查提供依据。

（5）成果评价要全面，如是否符合 PDCA 循环理论、统计技术是否准确、问题是否完全解决、取得的经济效果如何等。